Blumen
Liebe, Lust & Leidenschaft
Sprache

Blumen
Liebe, Lust & Leidenschaft
Sprache

Shane Connolly
Fotos von Jan Baldwin

CALLWEY

Die Originalausgabe erschien 2004 unter dem Titel „The language of Flowers" im Verlag Conran Octopus Ltd, einem Imprint von Octopus Publishing Group Ltd, 2-4 Heron Quays, Docklands, London E14 4JP.

© Text Shane Connolly 2004
© Fotografie Jan Baldwin 2004
© Buchdesign und Layout Conran Octopus Ltd. 2004

© 2004 Verlag Georg D.W. Callwey GmbH & Co. KG, Streitfeldstraße 35, 81673 München
www.callwey.de
E-Mail: buch@callwey.de

Übersetzung aus dem Englischen von Claudia Arnghaus, Münster

Die Deutsche Bibliothek verzeichnet diese Publikation in der Deutschen Nationalbibliografie
ISBN 3-7667-1618-2

Das Werk einschließlich aller seiner Teile ist urheberrechtlich geschützt. Jede Verwertung außerhalb der engen Grenzen des Urheberrechtsgesetzes ist ohne Zustimmung des Verlages unzulässig und strafbar. Das gilt insbesondere für Vervielfältigungen, Übersetzungen, Mikroverfilmungen und die Einspeicherung und Verarbeitung in elektronischen Systemen.

Herausgeber: Lorraine Dickey
Lektorat: Katey Day
Assistenz: Sharon Amos
Artdirektion: Chi Lam
Gestaltung: Megan Smith
Stylistin: Lesley Dilcock
Produktion: Angela Couchman
Umschlaggestaltung: Grafikhaus, München
Redaktion: Delius Producing Berlin, Hanno Depner
Satz: Delius Producing Berlin

Printed in China 2004

Für Rosa 1956–2001

  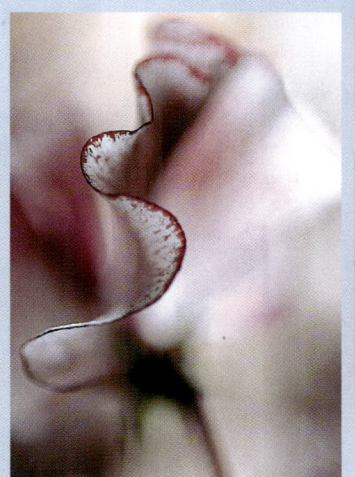  

Inhalt

Einführung 6

Vorfreude, Geburt & Anfang 8

Unschuld, Schlichtheit & Jugend 26

Freude, Ausgelassenheit & Freundschaft 46

Liebe, Sehnsucht & Verlangen 66

Ärger, Bitterkeit & Leid 90

Versöhnung, Glück & Zufriedenheit 114

Gedenken, Bedauern & Abschied 134

Glossar 154

Einführung

Im Jahr 1718 entdeckte die Dichterin und Briefautorin Lady Mary Wortley Montagu ein in den türkischen Harems beliebtes System, Nachrichten zu verschlüsseln: den Selam. Sie griff es begeistert auf und sandte einer Freundin ein Paket voller Blumen, in deren symbolischen Bedeutungen eine versteckte Botschaft lag. Der Anfang war gemacht, und etwa ein Jahrhundert später veröffentlichte Charlotte de la Tour in Paris ihr Buch *Le Langage des Fleurs*. Hier wurden erstmals die symbolischen Bedeutungen ausgewählter Blumen beschrieben; manche Auslegungen entstammten der ursprünglichen türkischen Tradition, im Wesentlichen jedoch bezog sich die Autorin auf die antike Mythologie und auf das abendländische Brauchtum. Diese neue Kunst der Blumensprache wurde begeistert aufgenommen. Zwischen 1830 und 1890 erschienen in Europa und Amerika hunderte ähnlicher Bücher, deren Verfasser die ursprünglichen Blumendeutungen Charlotte de la Tours kopierten, ergänzten, leicht veränderten oder sogar verwarfen.

Diese Autoren untersuchten Gebräuche des Ostens und Westens, die antike Mythologie, den religiösen Symbolismus und medizinische Anwendungsmethoden, um mögliche Bedeutungen zu finden. Symbole aber lassen sich auf verschiedenste Weise deuten – positiv, negativ, religiös, profan –, und so war das Resultat eine verwirrende Vielfalt an Interpretationen für jede einzelne Blume. Dennoch griff man auf Blumen zurück, um Gefühlen Ausdruck zu verleihen oder sie gar zu erwecken, da zu jener Zeit strenge Anstandsregeln jede Offenheit unterbanden. Außerdem sprachen die verblümten Botschaften die Gefühlsbetontheit der Menschen des neunzehnten Jahrhunderts an. Die Romantiker und später die englische Künstlerbewegung der Präraffaeliten griffen die Blumensprache begeistert auf; allerdings waren manche der Künstler in der Botanik wohl weniger bewandert als in der Symbolik der Blumen, was zu weiterer Verwirrung und zu Fehlinterpretationen führte.

In der ersten Hälfte des zwanzigsten Jahrhunderts wurde die so populär gewordene Blumensprache beinahe vergessen; nur gelegentlich tauchte sie wieder auf. Doch die Zeiten ändern sich: Kommunikation ist heute Triebfeder und Herausforderung zugleich, aber unser Streben, sie schneller und einfacher zu machen, geht auf Kosten ihrer wahren Kraft und Bedeutung. Der Blick auf die verlorene Sprache der Blumen und die tief verwurzelten Geschichten, die dahinter stehen, können uns immer noch beeindrucken und berühren. Die Blumensprache ist sowohl tiefgründig als auch elegant, und es ist wieder an der Zeit, ihr zu lauschen, denn Blumen haben eine Stimme.

Gute Neuigkeiten

Geborgenheit

Glückwünsche

Vorfreude

Begeisterung

Inspiration

Unbekümmertheit

Fröhlichkeit

Mutterliebe

Dankbarkeit

Fruchtbarkeit

Vorfreude, Geburt & Anfang

Vorfreude, Geburt & Anfang

Moos & Glockenblumen

Moos ist ein bescheidenes Pflänzchen. In seiner *Komödie der Irrungen* tut Shakespeare es als „müßiggängerisch" ab, und dem flüchtigen Betrachter scheint es tatsächlich weit weniger eifrig zu wachsen und sich zur Schau zu stellen als andere, dekorativere Pflanzen. Es hält sich nun einmal gern im Verborgenen.

Vögel wissen weiches Moos zu schätzen; zusammen mit Federn verwenden sie es gern, um ihre Nester üppig auszupolstern. Diese Verbindung von Moos und dem Nestinstinkt der Vögel ist mit ziemlicher Sicherheit der Grund dafür, dass dem Moos in Wörterbüchern der Blumensprache die Mutterliebe zugeordnet ist. Auch gibt es eine alte Überlieferung, der zufolge Rotkehlchen im Winter Moos auf Gräber legen. Diese Vorstellung mag darauf zurückgehen, dass Moos eine der wenigen Pflanzen ist, die in einem kalten Winter auf Gräbern überleben können. Doch was immer der Grund sein mag: Moos deutet stillschweigend Respekt für die Person an, die dort begraben liegt, ob Vorfahr oder Kind, und symbolisiert damit die Liebe zwischen Eltern und Kind. Auch wenn wir heute nur mutmaßen können – Gründe für die dem Moos zugeschriebene Bedeutung lassen sich viele finden, nicht zuletzt in seinem ursprünglichen, weichen, einhüllenden Wesen.

Glockenblumen wiederum sind eindeutig mit der ihnen zugewiesenen Bedeutung der Dankbarkeit verbunden. Der botanische Name *Campanula* bedeutet „Glöckchen" und verweist ganz offensichtlich auf die Blütenform. Zur Gattung zählt unter anderem die Art *Campanula medium*, im Deutschen nach der Jungfrau Maria auch Marien-Glockenblume genannt, im Englischen hingegen „Canterbury bell" nach dem Wallfahrtsort Canterbury, in dessen Umgebung sie in großer Fülle wuchs. Da Pilgerfahrten häufig aus Dankbarkeit angetreten wurden und die Pferde der Pilger an die Blüten erinnernde Glöckchen trugen, ergab sich auf diese Weise die Verbindung zwischen der Glockenblume und der Dankbarkeit.

Viel zu häufig wird Moos von Floristen lediglich als Füllmaterial oder zum Verdecken von etwas nicht so Schönem verwendet. Es wie hier einmal zum wesentlichen Teil der Dekoration zu machen ist eine erfrischende Abwechslung. Verschiedene Glockenblumenarten sind als kleine Pflanzen in voller Blüte erhältlich; ich habe einfach einige Töpfchen in eine große Schale gestellt, die so tief ist, dass die Töpfe komplett darin versinken. Dann habe ich Moosbüschel zwischen die Töpfe gesteckt, sodass ein abstraktes Muster entstand. Die Anordnung lässt sich problemlos formaler oder auch noch abstrakter gestalten. Glockenblumen gibt es in vielen Farben, doch Weiß scheint mir dem Gefühl der Dankbarkeit stärker verbunden als Blautöne, welche die Beständigkeit symbolisieren.

Moos und Glockenblumen (Campanula cochleariifolia 'Mini White Wonder')

Weiches grünes Moos für die Mutterliebe, zarte weiße Blütenglöckchen für die Dankbarkeit – eine perfekte Kombination für den Muttertag.

Schwertlilien

„Iris", ihr anderer Name, geht auf eine griechische Göttin zurück, deren Symbol der Regenbogen war. Wie der Regenbogen, an dessen Ende sich ein Topf voll Gold verbirgt, symbolisiert die Schwertlilie eine gute Nachricht.

Vorfreude, Geburt & Anfang

Schwertlilien blühen in unzähligen Farben, von den feinsten Erdschattierungen bis hin zu schillernd-leuchtenden Farbtönen. Ich persönlich mag sie am liebsten in einer schlichten Zusammenstellung ohne andere Blumen. In alten Stillleben waren Schwertlilien allerdings ein beliebtes Sujet und sie können einem bunten Arrangement eine wunderbar künstlerische Note verleihen. Dabei stellen sie geringe Ansprüche: frisches Wasser, ein scharfes Messer und eine hohe Vase, von der die Stiele aufrecht gehalten werden. Zahlreich zusammengesteckt, wirken sie füllig wie in ihrer natürlichen Umgebung; so sparsam, wie ich sie hier eingesetzt habe, ist die Anmutung nahezu orientalisch.
Iris 'Flamenco', 'Mary Frances' und 'Carnaby'

Mit dem Regenbogen verbinden wir so angenehme Dinge wie den legendären Goldtopf der irischen Sage oder ferne mystische Länder in Hollywood-Musicals – und seine Namensschwester „Iris" aus der Pflanzenwelt symbolisiert den gleichen Optimismus. Iris war die griechische Götterbotin, die auf dem Regenbogen zur Erde herabstieg; er verkündete ihr Erscheinen und galt als Vorbote guter Nachrichten.

Im alten Ägypten wurden Schwertlilien in Gräber gelegt, um Verstorbene in die Unterwelt zu geleiten. Dieselbe Vorstellung findet sich im alten Griechenland, wo die Göttin Iris die Seelen der verstorbenen Frauen und Mädchen über den schimmernden Pfad ins Paradies führte. Und sogar im heutigen Griechenland wird das Grab eines jungen Mädchens häufig mit Schwertlilien geschmückt.

Diese farbenreiche Blume wurde also mit gutem Grund nach der Göttin des Regenbogens benannt – wenn es nicht sogar umgekehrt war –, und beider Eigenschaften verschmolzen miteinander. Lange Zeit später erhielt die Blume auch einen christlichen Symbolgehalt: In Gemälden von der Jungfrau mit dem Kind steht sie für die frohe Botschaft von Christi Geburt. Und es gibt sogar einen praktischen Aspekt: Getrocknete Iriswurzel – aufgrund ihres Duftes oft als Veilchenwurzel bezeichnet – lindert die Schmerzen zahnender Babys: für die geplagte Mutter wohl die allerbeste Nachricht von allen.

Vorfreude, Geburt & Anfang

Goldgelber Hahnenfuß zaubert jedem ein Lächeln der Heiterkeit und Unbefangenheit aufs Gesicht – eine Kelle voller Klee fügt eine Prise Fröhlichkeit hinzu.

Als Ire habe ich natürlich eine besondere Schwäche für Klee. Man bekommt ihn am Tag des hl. Patrick in jedem irischen Blumen- und Lebensmittelladen. Wer den Klee in Wasser stellt oder in ein kleines Gefäß setzt, hat etwas länger Freude an seiner ansteckenden Fröhlichkeit. Die bezaubernde alte Suppenkelle aus Porzellan hat genau die richtige Größe für den Klee; für eine Hand voll Butterblumen ist der Krug in gleicher Weise gut geeignet.

Hahnenfuß (Ranunculus acris) *und Kleeblätter* (Trifolium dubium)

Hahnenfuß & Klee

Der Hahnenfuß zählt zu meinen Kindheitserinnerungen – vor allem das Spiel, bei dem man jemandem die gelbe Blüte unter das Kinn hält, um anhand des Widerscheins seine Vorliebe für Butter herauszufinden. „Spaß" scheint den symbolischen Gehalt der so genannten Butterblume gut wiederzugeben – diese Blume muss man nicht allzu ernst nehmen. Ihr häufiges Auftauchen in mittelalterlichem, sakralem Schnitzwerk scheint allerdings auch auf anderes hinzudeuten, denn die Kirche war nicht gerade Sinnbild der Heiterkeit. Vielleicht galten die goldgelben Blütenblätter früher auch als Symbol für die Reichtümer des Himmels.

Die Anfang des zwanzigsten Jahrhunderts entwickelte Blütentherapie des Dr. Edward Bach empfiehlt den Hahnenfuß als Mittel gegen Selbstzweifel: Das warme Gold der Blüten sorgt für Heiterkeit von innen heraus und weckt die Lebensfreude.

Klee kann diese Freude nur verstärken, denn Kleeblätter sind altbekannte Glücksbringer. Das Kleeblatt ist auch das bekannteste Symbol der Insel Irland und untrennbar mit dem gängigen Bild von der unbekümmerten Herzlichkeit der Iren verbunden. Der Kräuterkundige John Gerard behauptete im sechzehnten Jahrhundert sogar, Klee könne Leben retten, denn vor einem schweren Sturm richte er sich auf und beginne zu zittern. Aber das ist wohl geflunkert.

Ein kühler grüner Blumengruß für die werdende Mutter: Stachelbeeren für die Vorfreude, Oregano für eine gute Entbindung, Muschelblumen für das Glück, Thymian für Kraft und Mut und Salbei für Gesundheit und ein langes Leben.

Vorfreude, Geburt & Anfang

Stachelbeeren und Muschelblumen mit Oregano, Thymian & Salbei

Für unsere Vorfahren waren diese Kräuter unverzichtbare Arzneien, und ihre Bedeutung spielt auf ihren alten Nutzen an. Salbei war das pflanzliche Aspirin der Antike; „Salvia", der botanische Name, ist von „salvare", retten, abgeleitet und deutet schon auf seinen Wert hin.

Das griechische Wort für Thymian, „thumon", ist verwandt mit „thumos", was „Mut" oder „Tapferkeit" bedeutet. Die antiseptische Wirkung erklärt, warum römische Soldaten sich vor dem Kampf in Wasser badeten, dem Thymian zugesetzt war.

Oregano, regional auch Wohlgemut genannt, war ebenfalls ein wichtiges Heilkraut und für den Armeearzt ein unverzichtbares Desinfektionsmittel. Sogar bei Entbindungen wurde es verwendet.

Die Muschelblume, die bisweilen Irlandglocke genannt wird, ist so grün wie die Grüne Insel, und man sagt ihr nach, sie habe etwas vom sprichwörtlichen Glück der Iren mitbekommen. Saure Stachelbeeren schließlich lassen vor Vorfreude das Wasser im Mund zusammenlaufen – die reizende englische Sage nicht zu vergessen, dass Babys unter dem Stachelbeerbusch gefunden werden!

Im einundzwanzigsten Jahrhundert sind Kräuter wieder in aller Munde; überall kann man sie als Pflanze oder als geschnittenes Sträußchen für die Küche kaufen. Ich habe hier ein paar Kräutersträuße mit anderen grünen Pflanzen zu einer ruhigen Blattkomposition zusammengestellt. Auch einzeln lassen sich die Kräuter mit anderen Blumen oder Fruchtzweigen zu einem einfacheren, doch ebenso viel sagenden Gebinde kombinieren. Nehmen Sie die Kräutersträußchen nicht auseinander, wenn Sie ein solches Arrangement zusammenstellen; die locker-natürliche Wirkung geht sonst verloren.

Salbei (Salvia officinalis *'Purpurascens'*), *Thymian* (Thymus vulgaris), *Oregano* (Origanum vulgare *'Country Cream'*), *Muschelblume* (Moluccella laevis) *und Stachelbeere* (Ribes uva-crispa)

Vorfreude, Geburt & Anfang

Forsythien,
rote Geranien & Basilikum

Die leuchtende Forsythie weckt im Frühjahr unsere Vorfreude auf die kommende Gartenpracht; aus diesem Grund allein wäre sie schon das passende Symbol für die Erwartung. Benannt ist sie nach William Forsyth, der ab 1770 Direktor des Chelsea Physic Garden war und wegen eines Streits in Erinnerung geblieben ist, bei dem übergroße Erwartungen im Spiel waren. Forsyth hatte eine Salbe entwickelt und patentiert, die angeblich kranke Bäume heilen sollte; die Führung der britischen Flotte ließ sich überzeugen, dass damit dem herrschenden Mangel an großen und gesunden Baumstämmen für den Schiffsbau entgegengetreten werden könne, und kaufte sie ihm für eine Unsumme ab. Doch ein Experte entdeckte, dass „Forsyths Pflaster" lediglich aus Asche, Seifenlauge, Kalk, Kuhdung und Urin bestand. Forsyth verlor schnell seine Anhänger, und er starb im Jahr 1804, bevor die Angelegenheit geklärt werden konnte.

Die leuchtend rote Geranie, die man in ganz Europa in Blumenkästen auf Balkons sehen kann, war im neunzehnten Jahrhundert nicht weniger in bunten Beeten beliebt. Die aus Südafrika stammende Gattung wurde bereits 1787 in Pelargonie umbenannt, doch der neue Name hat sich immer noch nicht recht durchgesetzt. Die rote Geranie weckt ein nostalgisches, heimeliges Gefühl der Geborgenheit, wofür sie auch tatsächlich steht.

Basilikum blickt auf eine lange und wechselvolle Vergangenheit zurück. Den Römern war es Symbol der Liebe und Fruchtbarkeit. Im alten Griechenland sollte zertretenes Basilikum Unheil abwenden, im England der Tudorzeit war es als Geschenk für scheidende Gäste beliebt, und in Indien, woher es stammt, gilt es als heilige Pflanze und wird bei der Reinigung von Hindu-Tempeln verwendet. Basilikum wird auch gegen Kopfschmerzen und Menstruationsbeschwerden und zum Vertreiben von Fliegen empfohlen – wirklich eine Glück bringende Pflanze.

Blumen für die werdende Mutter je nach Jahreszeit – im Frühling Forsythien als Symbol freudiger Erwartung, im Sommer rote Geranien für Geborgenheit, dazu Basilikum als Glücksbringer.

Diese zwei einfachen Arrangements könnte man auch als kleine Sträuße überreichen. Ihr Charme beruht nicht nur auf der passenden Botschaft: Ich halte immer nach interessanten Behältnissen Ausschau, die ich mit Blumen verschenken kann. Die Forsythie ist ein prächtiger, üppiger Strauch, doch kleinere Triebe, wie ich sie in diesem alten bemalten Zinkgefäß arrangiert habe, können zart und entzückend wirken. Schön ist ein solches Sträußlein für die werdende Mutter, aber auch für jemanden, der auf Prüfungsergebnisse wartet. Dasselbe trifft auf die Geranien mit Basilikum zu. Die geballte Geranienpracht städtischer Parkanlagen kann unsere Augen überfordern, doch kombiniert man sorgfältig einige wenige Blütenstiele, etwa mit mäßigendem dunklem Basilikum, sind sie garantiert ein Erfolg.

Oben links: Rote Geranien (Pelargonium 'Caligula') und violettes Basilikum (Ocimum basilicum 'Purpureum')

Oben: Forsythie (Forsythia x intermedia)

Vorfreude, Geburt & Anfang

Stockrosen

In der Blumensprache wird Fruchtbarkeit von der hoch aufragenden Stockrose dargestellt – Anerkennung ihrer nahezu schamlosen Vermehrungsfreudigkeit.

Die Stockrose ist ein Mitglied der alten, seit unvordenklichen Zeiten bekannten und kultivierten Malvenfamilie. Getrocknete Malvenblüten fand man im Grab eines Neandertalers und in den Grabkammern ägyptischer Pharaonen. Der Sage nach gedieh die Pflanze sogar in den Unterwelt-Gärten der griechischen Göttin und kunstreichen Heilerin Hekate. Der botanische Name der Gattung lautet *Alcea* und ist vom griechischen Wort für „heilen" hergeleitet. Als Heilpflanzen werden Malven seit Jahrhunderten verwendet, wobei die Anwendungsgebiete vom Keuchhusten beim Menschen bis zu Blattumschlägen für geschwollene Sprunggelenke beim Pferd reichen; der Name Heilwurz für den Echten Eibisch verweist ebenfalls auf heilende Kräfte.

Bereits im achtzehnten Jahrhundert war die Stockrose als Gartenpflanze äußerst beliebt; immer dekorativere Arten wurden gezüchtet, manche sogar mit gefüllten Blüten, die aus China eingeführt wurden.

Nach dem Verblühen entwickelt sich aus der Blüte eine runde Samenkapsel, in der hunderte scheibenförmiger Samen ringförmig nebeneinander stehen. Unabhängig von Bodenbeschaffenheit und anderen Bedingungen gehen die meisten dieser Samen auf. Sie sorgen dafür, dass sich die Pflanzen allmählich weit über ihr Ursprungsgebiet hinaus verbreiten – wirklich fruchtbare, freigebige Gartenbewohner.

Man sollte nicht vergessen, dass sich der Begriff der Fruchtbarkeit ebenso auf geistige Leistungen und Findigkeit beziehen kann. Wer Wert darauf legt, seine eigene Fruchtbarkeit im Zaum zu halten, hat also keinen Grund, sich von Stockrosen beunruhigen zu lassen.

Stockrosen wirken wahrhaft eindrucksvoll in der Vase; allerdings welken sie leicht. Vorbeugend sollte man sie nach dem Abschneiden sofort ins Wasser stellen. Taucht man die unteren zwei Zentimeter einige Minuten in kochendes Wasser, lässt sich sogar ein erschlaffender Stiel manchmal retten.

Wirklich schade wäre es, diese an Blüten reichen Stängel zu zerschneiden; daher ist entweder eine sehr hohe Vase nötig oder aber eine tiefe Schale samt einer gehörigen Menge zurechtgebogenem Kaninchendraht, um die Stängel zu fixieren. Mein Arrangement habe ich so gemacht und das Resultat wirkt genauso natürlich und großzügig wie die Pflanze selbst.

Stockrosen (Alcea rosea)

Engelwurz & Gräser

Keine Kreativität ohne Inspiration – und dafür steht die erhabene Engelwurz. Kein Erfolg ohne Fleiß und Durchhaltevermögen – zwei Eigenschaften, die von den bescheidenen, zähen Gräsern verkörpert werden. Eine gute Kombination, um eine neue Unternehmung oder einen wichtigen Anfang zu begrüßen.

Verschiedene Legenden suchen zu erklären, wie die Echte Engelwurz *(Angelica archangelica)* zu ihrem himmlischen Namen kam. Eine christliche Legende weiß von einem Engel oder Erzengel zu berichten, der während der Großen Pest von London einem Mönch erschien. Er offenbarte diesem die wertvollen Heilkräfte der Pflanze und wies ihn an, Engelwurzsamen im Mund zu tragen, um die Pest abzuwehren. Der Kräuterkundige Gerard behauptete sogar, die Pflanze heile die Bisse von Schlangen und tollwütigen Hunden. Auch verbrannte man die Samen und Wurzeln, um Häuser zu desinfizieren und sich vor bösen Geistern zu schützen – wahrhaftig von Erfindungsreichtum inspirierte Anwendungen.

Eine andere Legende besagt, die Pflanze trage ihren Namen, da sie wundersamerweise jedes Jahr am Tag des Erzengels Michael die Blüten öffne – eine Behauptung, die wohl von übertriebenem Erfindungsreichtum inspiriert ist und noch zu beweisen wäre. In den Ländern des nördlichen Baltikums, wahrscheinlich dem Ursprungsgebiet der Engelwurz, heißt es schließlich, die Pflanze sei nach dem nordrussischen Seehafen Archangelsk benannt. Leider ist diese am wenigsten originelle Erklärung wohl die am ehesten zutreffende.

Manchmal wurde die Engelwurz auch aus heute nicht mehr nachvollziehbaren Gründen als Heiliggeistwurz bezeichnet. Der Heilige Geist brachte den ersten Christen die göttliche Inspiration; wahrscheinlich rührt von dieser Verbindung die Bedeutung der Pflanze in der Blumensprache her. In der weißen Magie ist die Engelwurz heute als Energiespender sowie als Auslöser von Visionen und Inspiration beliebt.

Gräser sind die ausdauerndsten Pflanzen auf der Erde. Die ihnen zugewiesene Symbolik könnte passender nicht sein – immer wieder sprießen sie, was immer sie auch an Dürre oder von einem Rasenmäher ertragen müssen. Gräser sind ein bescheidenes Vorbild und Inspiration für jede neue Unternehmung – und außerdem der perfekte symbolträchtige Partner für die etwas dekorativere Engelwurz.

Mit Gräsern kombinierte Engelwurz hat die gleiche ungezähmte und anspruchslose Anmutung wie die elegantesten Frauen der Welt. Ein solches Arrangement ließe verlauten, wie sehr man über den Dingen steht. Von Zeitlosigkeit und buchstäblich unschätzbarem Wert zeigt es: Man braucht nicht unbedingt Blumen! Nur wer wirklich reich ist, kann sich diese Bescheidenheit leisten. Stellen Sie die erhabenen grünen Schönheiten in eine hohe Bodenvase aus farbigem Glas und erfreuen Sie sich an der turmhohen Engelwurz und der zarten Eigenwilligkeit der Gräser. Viele Ziergräser können Sie als Schnittgrün kaufen; sie alle sind wunderbar dekorativ, ebenso wie Bambus und lange Zweige. Ähnliche Bedeutung haben der imposante Fenchel (Kraft) und Stockrosen (Fruchtbarkeit, siehe Seite 23).

Engelwurz (Angelica archangelica) *und verschiedene Ziergräser*

Bescheidenheit

Unschuld

Reinheit

Beständigkeit

Schlichtheit

Naivität

Erste Liebe

Schüchternheit

Unschuld, Schlichtheit & Jugend

Mit Lilien – dem Symbol der Reinheit und der Unschuld – verbinden sich religiöse Begriffe. Ist natürliche Schlichtheit gefragt, sind sie die perfekte Wahl.

Im Mittelalter stand dem Künstler einzig die Madonnenlilie zur Auswahl, doch während der letzten zweihundert Jahre wurden viele neue Lilienarten und -sorten entdeckt und gezüchtet. Zum Glück ist so die alte Verbindung dieser Blume mit dem Tod verblasst, die entstanden war, weil ihr starker Duft bei aufgebahrten Leichnamen „eingesetzt" werden konnte. Lilien lassen sich auf verschiedenste Weise arrangieren, ob allein oder mit anderen Blumen kombiniert. Noch heute faszinieren mich Anblick und Duft einer Madonnenlilie in einer hohen klassischen Vase – typisch schlicht und rein.

Madonnenlilie (Lilium candidum)

Lilien

Vor dem Zeitalter des holländischen Blumen-Stilllebens hätte sich kein Künstler dazu verstiegen, die Lilie anders als in einem religiösen Kontext darzustellen. Lilien galten lange Zeit als christliches Symbol und wurden mit Vorliebe als Sinnbild der Reinheit Mariens dargestellt.

Bereits Jahrhunderte vor Christi Geburt hatten die Griechen die Verbindung der Lilie zur Götterwelt hergestellt; nach ihrer Legende sprang sie aus Milchtropfen auf, die von der Brust der Göttermutter Hera fielen. Auch von Juno, Heras römischer Entsprechung, ging diese Sage – die Römer bezeichneten die Lilie sogar als „rosa iunonis", Junos Rose. Aphrodite, die der Rose zugeordnete römische Göttin der Liebe, fand angeblich die kalte Vollkommenheit der Lilie so reizlos, dass sie ihr aus Schabernack einen geradezu phallischen Blütenstempel verlieh.

Im Mittelalter war die Jungfrau Maria endgültig an die Stelle der Göttermutter getreten, und die Lilie versinnbildlichte ihre Tugenden. Zum leuchtenden Weiß der Außenseite gesellt sich ein goldener Hauch im Inneren, wie die Wärme, welche die Reinheit der Jungfrau ergänzt. In der Folgezeit wurden Lilien auf den meisten Madonnenbildern mit abgebildet; aber auch ohne die Muttergottes verkörpern sie Schlichtheit und Reinheit auf vollendete Weise.

Rote Rosenknospen sind jung, rein und reizend; Bartnelken wollen ständig gefallen und Erdbeeren stehen für guten Willen – das ideale Kind.

Unschuld, Schlichtheit & Jugend

Wenn Sie noch keine Walderdbeeren im Garten haben, dann möchte ich vorschlagen, dass Sie ganz schnell welche pflanzen. Es handelt sich nicht um die Vorfahren der gigantischen Erdbeeren, die wir heute im Laden kaufen, sondern um eine ganz andere Art. Auch der Geschmack ist vollkommen anders, von unvergesslicher Köstlichkeit – außer anscheinend für die Vögel, die die ganze Ernte uns überlassen.

Hier verleihen Walderdbeeren einem Krug mit Bartnelken und Rosenknospen eine altmodisch-künstlerische Note und verwandeln gewöhnliche Blumen in ein außergewöhnliches Arrangement.

Bartnelken (Dianthus barbatus), *rote Rosenknospen* (Rosa moyesii) *und Walderdbeeren* (Fragaria vesca)

Bartnelken,
Walderdbeeren & knospende rote Rosen

Im sechzehnten Jahrhundert beschrieb der Kräuterkundige Gerard die Bartnelke ganz treffend: „Verwendet weder in Küche noch Heilkunst, geschätzt jedoch als Zierde für jeden Garten, für den Busen der Schönen, für Girlanden und liebreizende Kränze" – diese Pflanze möchte wirklich jedem gefallen.

Rosenknospen werden jene Bedeutungen zugesprochen, die im Kleinen ihren voll erblühten Schwestern entsprechen. Aufgeblühte rote Rosen verkörpern innige Liebe und erwachte Schönheit; rote Rosenknospen ergänzen diese Gleichsetzung von Jugend und Reinheit.

Walderdbeeren zählen seit der Römerzeit zu den heiligen Pflanzen. Der Dichter Ovid beschreibt sie als die Früchte Elysiums, und das Christentum schloss sich dieser Deutung später an. In ihren dreigeteilten Blättern sah man die Dreifaltigkeit dargestellt, die sonnengereiften Früchte symbolisierten die Früchte guter Taten und geistiges Wachstum. Die Blätter sollen als Tee aufgegossen vor Hexerei und Magie schützen – um das zu glauben, braucht man wirklich guten Willen.

Unschuld, Schlichtheit & Jugend

Hasenglöckchen & Gänsefingerkraut

Hasenglöckchen als Zeichen für Beständigkeit und Bescheidenheit; seidiges Gänsefingerkraut wie ein Hauch von Naivität – gemeinsam Schlichtheit und Unschuld in Vollendung.

Vor nicht allzu langer Zeit lautete der botanische Name des Hasenglöckchens noch „Endymion". In der griechischen Mythologie erspähte die Mondgöttin Selene einen schönen Hirtenjungen dieses Namens, der unter dem Sternenzelt schlief. Sofort entbrannte sie in heftiger Liebe und bewirkte – lüstern, wie die Götter waren –, dass er nie erwachte, damit sie sich auf ewig an seiner Schönheit erfreuen könne. Hasenglöckchen überziehen den Waldboden wie das Zwielicht der Mondgöttin und erinnern an die Unvergänglichkeit ihrer Liebe und Endymions Schlummer, dessen einfaches Schäferdasein, so kurz es auch war, den Aspekt der Bescheidenheit beisteuert.

Die Wurzeln des Hasenglöckchens wurden einst benutzt, um einen Klebstoff herzustellen, und auch, um das Nachwachsen unerwünschter Behaarung aufzuhalten: beides Anwendungen mit Langzeitwirkung, doch hoffentlich nach unterschiedlichen Rezepten hergestellt.

Naivität – diese liebenswert-kindliche Unschuld – wird vom Gänsefingerkraut auf vollkommene Weise dargestellt: Es wächst gern im festgetretenen Erdreich von Durchgängen und Pfaden, wo es zwangsläufig immer wieder unter die Füße gerät. Auf die Wirksamkeit als Heilpflanze verweist der Gattungsname *Potentilla*, der auf das lateinische „potens", kräftig, zurückgeht.

Schlichtheit ist oberstes Gebot, damit Hasenglöckchen gut wirken, und so fiel meine Wahl auf diese Flaschenvasen. Der Deutung der Blumen eingedenk, habe ich in diesem Arrangement nur eine bescheidene Anzahl eingesetzt: Das Ergebnis war von solch unerwarteter, zauberhafter Leichtigkeit, als wäre ich selbst auf Blumengröße geschrumpft. Die Blätter des Gänsefingerkrauts habe ich ganz ins Wasser geschoben, damit ihre seidige Behaarung richtig zur Geltung kommt und die langen Stängel der Hasenglöckchen weniger nackt erscheinen. Wenn Sie die abgeschnittenen Blütenstiele unten in kochendes Wasser tauchen, halten die Blüten wirklich gut. Denken Sie bitte daran, dass man die unter Naturschutz stehenden Hasenglöckchen nicht pflücken darf.

Hasenglöckchen (Hyacinthoides non-scripta *syn*. Endymion non-scripta) *und Gänsefingerkraut* (Potentilla anserina)

Unschuld, Schlichtheit & Jugend

Die meisten Menschen mögen das einfache Gänseblümchen sehr. Seine Blüte öffnet sich bei Sonnenaufgang und schließt sich zur Nacht. Vielerorts wird diese einfache Wiesenblume als Tausendschönchen bezeichnet, und auch der botanische Name *Bellis perennis* lautet übersetzt „immerwährende Schöne". Bereits in der Antike wurde es mit den Liebesgöttinnen in Verbindung gebracht. Im Mittelalter fungierte das Gänseblümchen als Liebesblume: Ritter steckten es sich an, um anzuzeigen, dass ihre Liebe von der Auserwählten erwidert wurde. Das Spiel, bei dem man die Blütenblätter einzeln auszupft, um schließlich bei „liebt mich" oder „liebt mich nicht" anzugelangen, dürfte wohl noch älteren Datums sein; derartiger Zeitvertreib und das Binden von Blütenkränzen trugen nach und nach zu der Gedankenverbindung mit Kindern und Schlichtheit bei. In nicht unbedingt logischer, aber verständlicher Folge wurden die Liebesgöttinnen später durch die Jungfrau Maria ersetzt, und die Blume der Liebenden erlangte eine neue Reinheit und Unschuld.

Die Rose in all ihren Farben, Kombinationsmöglichkeiten und Blütenständen ist reich an verschiedenen Bedeutungen. Im Allgemeinen steht sie für die Liebe, aber im Besonderen auch für jede Gefühlsregung und jede Beziehungsphase. Diese weißen Rosenknospen stellen den Anfang der Folge dar: ein ganz junges Mädchen, das die Liebe noch nicht kennt, ja vielleicht nicht einmal ahnt – wunderschön symbolisiert von der fest verschlossenen Knospe, einer Metapher der Unberührtheit. Eine geöffnete weiße Rose vermittelt das Gefühl: „Ich bin deiner würdig", und die voll erblühte Rose sagt: „Du bist wunderschön" – Mitteilungen an ein Mädchen, das der Liebe entgegengeht.

Margeriten & weiße Rosenknospen

Margeriten oder Gänseblümchen für Unschuld und Schlichtheit, weiße Rosenknospen als Symbol des Mädchenalters oder der Unberührtheit – ein ideales Bukett für die junge Braut.

Nicht jedes Maßliebchen (wie Gänseblümchen auch genannt werden) ist eine gute Schnittblume. Das „große Maßlieb", die Margerite, ist haltbarer als das Gänseblümchen. Doch ihr Geruch kann unangenehm sein; die Hundskamille gar trägt ihren Namen sehr zu Recht. Auch die Mitglieder der Asternfamilie und das Mutterkraut sehen dem Gänseblümchen sehr ähnlich, doch seien Sie sich ihrer symbolischen Bedeutung bewusst: Mutterkraut *(Tanacetum parthenium)*, das Allheilmittel der antiken Kräuterwelt, steht für Schutz, die Herbstaster hingegen ist ein Symbol für den Abschied. Die Margeriten in diesem Arrangement kann man überall als blühende Pflanze kaufen; zu mehreren in einer Schale und regelmäßig gegossen sind sie ein lange haltbarer Blumenschmuck.
Strauchmargeriten (Argyranthemum frutescens) und weiße Rosenknospen (Rosa 'Pandora')

Paeonia

Von rosigem Schimmer bis dunkelrot –
Pfingstrosen stehen für Schüchternheit

Unschuld, Schlichtheit & Jugend

Pfingstrosen

Unter den Blumen, deren Wurzeln sich bis in die Antike zurückverfolgen lassen, steht die Pfingstrose oder Päonie an erster Stelle. Sie ist nach Päon benannt, einem Leibarzt der griechischen Götter, der den Gott der Unterwelt, Pluto, mit den Samen der Pflanze heilte. Ihre Heilkraft ist nicht nachgewiesen, doch der römische Historiker und Naturforscher Plinius der Ältere, der im Jahr 79 n. Chr. beim Ausbruch des Vesuvs ums Leben kam, zählt immerhin zwanzig Krankheiten auf, die sie kurieren soll.

Im achtzehnten Jahrhundert trugen Kinder Päonienwurzeln bei sich, um vor Epilepsie und Albträumen geschützt zu sein – beides wurde den Mächten der Unterwelt zugeschrieben. Dieser Brauch könnte der Ursprung der Verbindung von Pfingstrose und Kindheit sein.

Die Verwendung der Blume als Symbol für schüchternes Erröten geht nicht allein auf ihre vorwiegend rosa Färbung zurück. In der mittelalterlichen Medizin glaubte man, die Pflanze habe eine maskuline und eine feminine Form. Tatsächlich handelte es sich um zwei verschiedene Arten: *Paeonia mascula* mit einer langen Pfahlwurzel und *Paeonia officinalis* mit feminin gefiedertem Laub.

Etwa zur gleichen Zeit setzte die Kirche, die heidnische Gebräuche gern durch christliche ersetzte, die Jungfrau Maria und die „Rose ohne Dornen" gleich. Jungfräuliches Schamgefühl mit dem entsprechenden Erröten ist eine weitere deutliche Gedankenverbindung.

In der zweiten Hälfte des achtzehnten Jahrhunderts traf in England die erste Strauchpfingstrose (*Paeonia suffruticosa*) aus China ein, wo sie schon immer verehrt wurde und ein klassisches dichterisches Symbol für das Erröten eines jungen Mädchens war. Inzwischen wurde die Päonie nur noch selten als Heilpflanze genutzt, hatte an Beliebtheit jedoch nicht verloren und nahm sowohl im Ziergarten als auch im Stillleben einen festen Platz ein. Angesichts der herrschenden Begeisterung für China wurden die chinesischen Symbolgehalte eifrig übernommen; sie erweiterten und festigten die bereits bestehende Tradition.

Obgleich die wunderschöne Pfingstrose letztendlich für die Schüchternheit steht, gilt sie laut manchen Wörterbüchern der Blumensprache auch als Symbol der religiösen und der ehelichen Hingabe, was vermutlich auf die frühe Bedeutungsverknüpfung mit der Jungfrau Maria zurückzuführen ist.

Pfingstrosen sind in jedem Stadium des Erblühens wunderschön. Geben Sie die Blumen, wie hier, einfach in einen Krug mit frischem Wasser und erfreuen Sie sich daran, wie sich die Blütenblätter entfalten. Entfernen Sie einen Teil des Laubes, vor allem die Blätter, die sonst im Wasser wären. So können die Stängel besser genügend Wasser für die schweren Blütenköpfe aufnehmen. Eine welkende Blüte lässt sich oft wieder beleben, indem man sämtliches Laub entfernt, den Stängel neu anschneidet und sie in warmes Wasser stellt. Voll erblühte Pfingstrosen sind etwas ungleichgewichtig; ihre Stiele schneidet man kurz, um die Blütenköpfe als üppige Pracht in einer Schale zu arrangieren.

Ähnliche Bedeutung haben Veilchen (Bescheidenheit, siehe Seite 43), Majoran (Erröten, siehe Seite 65) und dunkelrote Rosen (Scham).

Rechts: Pfingstrosen (Paeonia lactiflora *'Sarah Bernhardt')*

Vorhergehende Doppelseite, von links: Pfingstrosen (Paeonia. l. *'Cornelia Shaylor',* Paeonia officinalis *'China Rose',* Paeonia o. *'Rubra plena',* Paeonia l. *'Cornelia Shaylor',* Paeonia l. *'Magic Orb'* und Paeonia o.*','Rubra Plena')*

Den Duftveilchen wird ein reizendes Trio traditioneller Tugenden zugeschrieben: Unschuld, Bescheidenheit und Anstand.

Unschuld, Schlichtheit & Jugend

Veilchen

Es war einmal vor langer Zeit ein wunderschönes Mädchen namens Io. Schönheit war damals nicht unbedingt ein Segen, denn nur allzu häufig erweckte sie die unerbetene Aufmerksamkeit einer Gottheit. In diesem Fall war es Zeus höchstpersönlich, der für Io entflammte. Zu ihrem Unglück war die Gattin des Zeus, Hera, überaus eifersüchtig; sie verwahrte sich gegen Zeus' übermäßige Aufmerksamkeit für das Mädchen. Um den häuslichen Frieden zu wahren, ersann Zeus einen raffinierten Plan. Er verwandelte Io in ein weißes Rind und schenkte ihr zum Ausgleich eine Weide voller zarter violetter Veilchen. Der lateinische Name Viola ist eine diskrete Hommage an ihren Namen.

Die misstrauische Hera entdeckte jedoch dieses liebliche kleine Wesen auf ihrer violetten Blumenweide und beschloss, sie ein für alle Mal zu vertreiben. Sie sandte eine bösartige Viehbremse, die Io so quälte, dass sie sich verzweifelt in die See stürzte (welche seitdem als Ionisches Meer bekannt ist – ein weiterer Wiedergutmachungsversuch für die Demütigungen, die der Io zuteil wurden). Es mag kaum verwundern, dass sich Io nun überzeugen ließ zu schwören, Zeus nie wieder zu sehen; als Gegenleistung verwandelte sie Hera in eine Frau zurück.

So also kam es, dass man bei Veilchen an eine – trotz alledem – unschuldige und unverdorbene Liebe denkt. Veilchen stehen außerdem für den Anstand, der schließlich Zeus' eigentlicher Beweggrund seiner letztlich dennoch missglückten Handhabung dieser Angelegenheit war.

Auch weiterhin blieben Veilchen sehr begehrte Blumen, und im Mittelalter verband man sie schließlich mit der Jungfrau Maria. Die ungewöhnliche Vermehrungsweise dieser Pflanze trug nicht wenig dazu bei: Die violetten Blüten, die wir im Frühjahr sehen, sind nicht fruchtbar; Samen bildet die Pflanze später im Jahr aus unauffälligen Blüten, die sich bescheiden zu Boden neigen und selbstbefruchtend sind. Das war natürlich eine passende Analogie zur Unbefleckten Empfängnis. Der Symbolcharakter der Pflanze hatte zur Folge, dass Veilchen in jedem Klostergarten zu Ehren Mariens und als Erinnerung an die Tugenden Bescheidenheit, Unschuld und Anstand gezogen wurden.

Im Vergleich zu anderen Schnittblumen ist die Lebensdauer von Veilchen recht kurz, doch lassen Sie sich davon nicht abschrecken. Veilchen sind nicht teuer, und wenn Sie einer geliebten Person ein dickes Sträußchen mit Samtschleife oder in einer mit Seidenpapier ausgeschlagenen Schachtel senden, ist dies eine unvergessliche, zauberhafte Geste, die heutzutage leider selten ist. Schenkt Ihnen jemand Veilchen, stellen Sie sie einfach in ein kleines Gefäß mit Wasser. Nehmen Sie das Sträußchen nicht auseinander – die Stängel sind zu zart, um sie einzeln zu arrangieren. Mit Wasser besprüht, halten Veilchen länger; über Nacht ganz untergetaucht, leben ihre müden Stiele wieder auf.

Ähnliche Bedeutungen haben Margeriten (Schlichtheit und Unschuld, siehe Seite 37) und weiße Lilien (Reinheit, siehe Seite 30).

Duftveilchen (Viola odorata)

Unschuld, Schlichtheit & Jugend

Primeln & violetter Flieder

Wie der Duft von Primeln und Flieder benebelt auch junge Liebe die Sinne. Diese beiden Blumen, ob einzeln oder kombiniert, symbolisieren hervorragend die Unschuld, die Gefühle und die Hoffnungen jenes ersten verliebten Taumels.

Allein schon der Gattungsname *Primula*, „kleine Erste", wirkt entschieden jung und herzlich, vor allem inmitten des strengen Formalismus eines botanischen Nachschlagewerkes. Beinahe ungern fügt man dieser zarten Lieblichkeit den Artnamen *vulgaris* hinzu, doch dies besagt nicht mehr, als dass die Primel im Frühjahr ein ganz gewohnter Anblick war. Ein bezaubernder Aberglaube ist, dass ein junges Mädchen, das bereits vor Ostern einen Hang mit blühenden Primeln entdeckt, noch vor Weihnachten verheiratet sein wird.

Im Laufe der Jahrhunderte haben Dichter die kleine Blume mit Bescheidenheit, Jugend und junger Liebe in Verbindung gebracht. Shakespeare bezeichnete diese ersten Herzensregungen in „Hamlet" augenzwinkernd als „Primelweg der Tändelei".

Der Flieder stammt aus Persien und gelangte über Konstantinopel nach Frankreich, dem Land der Liebenden. Der schwedische Botaniker Carl von Linné verlieh ihm den Gattungsnamen *Syringa*, der sich wohl deshalb vom griechischen Wort für Flöte ableitet, weil sich seine Triebe aushöhlen lassen. Doch angesichts der Verbindung mit Frankreich und der Liebe könnte man auch der fantasievolleren Annahme folgen, der Grund sei die Blütenform gewesen, die an Champagnerflöten erinnert.

Strahlend weißer Flieder symbolisiert die Erinnerung an die Jugend (siehe Seite 141); violetter Flieder jedoch ist, vielleicht aufgrund seiner sinnlicheren Farbe, der heftigen ersten Liebe verbunden. Fliederbüsche sind extrem langlebig – nicht anders als bleibende Erinnerungen an glückliche Zeiten und Frischverliebtsein.

Primeln für frühe Jugend und erste Liebe, berauschender violetter Flieder als Symbol für frisch Verliebte oder die ersten Liebesregungen – ein zartes Paar voll süßer Nostalgie.

Nichts könnte herzerfrischender sein als ein Hang voller Primeln im Frühjahr. Da man Primeln in der Natur jedoch nicht pflücken darf, kaufen Sie stattdessen eine von Gärtnerhand gezogene Pflanze, um sie einer alten Liebe zu schenken. Oder Sie pflanzen sie in Erinnerung an vergangene Liebe in den eigenen Garten und können dann in jedem Frühling erneut in Erinnerungen schwelgen. Auch in Töpfe eingepflanzt sehen Primeln bezaubernd aus. Hier umhüllen Primelblätter die im Garten gepflückten Blütenstiele – ein vollendetes winziges Bukett, genauso, wie die Pflanze natürlich wächst.

Wie man Flieder am besten vorbereitet, sehen Sie auf Seite 141; wichtig ist auf jeden Fall, fast alles Laub von den Zweigen zu entfernen, wenn er länger halten soll. Ich gehe mit Flieder gern verschwenderisch um und stelle ihn ganz ungekünstelt in Vasen.

Primeln (Primula vulgaris) *und violetter Flieder* (Syringa vulgaris)

Zuneigung

Verzauberung

Entzücken

Bedächtigkeit

Fürsorge

Rücksicht

Aufmerksamkeit

Sentimentalität

Sympathie

Beständigkeit

Herzenswärme

Freude, Ausgelassenheit & Freundschaft

Freude, Ausgelassenheit & Freundschaft

Ranunkeln

Die Ranunkel verrät: „Du hast Charme" und „Du bist faszinierend". Geben Sie einem lieben Menschen in einer schwierigen Phase mit solchen netten Gedanken wieder Auftrieb.

Um 1660 besuchte ein Reisender namens Sir John Chardin die legendären Paradiesgärten Persiens und war begeistert. Eine der Blumen, die er dort sah und die ihn faszinierte, schien ihm mit dem Scharfen Hahnenfuß *(Ranunculus acris)* seiner Heimat verwandt, obwohl sie in vielen leuchtenden Farben blühte. Mit der Überlegung, sie müsse sich dort auch wohl fühlen, wo ihre nahe Verwandte auf jeder Wiese gedeiht, ließ er einige Exemplare verpacken und nach England schicken. Ranunkeln zählen tatsächlich zu den Hahnenfußgewächsen, und jedermann ließ sich von ihnen verzaubern.

Sie trafen genau zu jener Zeit in England ein, als die ersten Pflanzengesellschaften gegründet wurden, die bald mit ihrer Begeisterung für neue Sorten und alle Freuden, die ein Garten bieten kann, das ganze Land eroberten. Man nahm die unbekannte Ranunkel enthusiastisch auf, und nur vierzig Jahre nach ihrer Einführung wurde sie bereits überall gepflanzt und gekreuzt.

Am Ende des Jahrhunderts existierten bereits mehr als achthundert Sorten der Ranunkel. Man könnte sie fast als die Tulpe ihrer Zeit bezeichnen, so beliebt war sie und so eifrig wurde nach neuen, immer interessanteren Formen gesucht. Deshalb verwundert es auch nicht, dass man ihr Bedeutungen zusprach, die ihrem Kultstatus entsprachen: Sie verkörpere Charme und Faszination. Die Blume war die Pop-Ikone einer Welt ohne Pop, und jeder wollte sie haben.

Weniger erfreulich ist der Epilog zu dieser Geschichte. Der persischen Ranunkel gefiel es in ihrer Heimat eigentlich am besten; angesichts der vielen Veränderungen durch Züchtung und Kreuzung wurde sie kränklich und stand bald im Ruf, heikel zu sein. Am Ende des neunzehnten Jahrhunderts war sie in Ungnade gefallen; ihre Erwähnung im Wörterbuch der Blumensprache war das einzige Überbleibsel ihres vergangenen Ruhms.

Vor allem als Schnittblume hat die Ranunkel in letzter Zeit ein wenig von ihrem Kult-Status zurückerlangt; verbesserte Technik in Gewächshäusern stellt die anspruchsvollen Sorten zufrieden, und es wurden neue, bessere Schnittblumensorten gezüchtet.

Sie sind in einer Vase mit Wasser recht haltbar. Das Hauptproblem ist, dass die Stiele schnell faulen und die schweren Blüten leicht abknicken. Vorbeugend sollten Sie daher möglichst viel von dem Laub entfernen und die Blumen in ein Gefäß stellen, das den Blütenköpfen Halt gibt. Ich habe hier eine tiefe Schale verwendet, sodass die Blumen sich an den Rand und gegeneinander lehnen können.

Andere Blumen für ein angeknackstes Selbstwertgefühl sind mehrfarbige Rosen („Du bist so vielseitig"), kurze Sonnenblumen („Ich bewundere dich") und Pfirsichblüten („Niemand hat deinen Charme").

Verschiedene Ranunkeln (Ranunculus asiaticus)

Zeigen Sie einem Freund, der Künstler ist, mit Aurikeln und immergrünem Buchs Ihre Anerkennung; die einen stehen für Künstler und die Malerei, der andere für treue Freundschaft und für Gelassenheit angesichts einer Enttäuschung.

Freude, Ausgelassenheit & Freundschaft

Aurikeln & Buchs

Die Römer entdeckten wahrscheinlich als Erste, dass sich der Buchsbaum zu skulpturalen Formen schneiden lässt. Sie nannten diese Kunstform „opus topiarium", Ziergärtner-Werk. Im sechzehnten Jahrhundert wurde sie als „Topiary" bekannt und kam sehr in Mode. Dem Buchs macht der ständige Rückschnitt überhaupt nichts aus; er reagiert einfach mit gesundem gleichmäßigen Nachtrieb. Diese Hartnäckigkeit und sein glänzendes immergrünes Laub brachten ihm die Verbindung mit treuer Freundschaft und Gelassenheit ein. Sein hartes, feines Holz war zudem bei Künstlern als Block für den Holzdruck sehr beliebt.

Motiv solcher Drucke war nicht selten die stark verehrte Aurikel. In der zweiten Hälfte des achtzehnten Jahrhunderts gab es einen regelrechten Aurikel-Kult. 1757 wurde die erste grüne Blüte gezüchtet, bald darauf eine schiefergraue, die neben der inzwischen verschwundenen gestreift blühenden Art die begehrteste von allen war. Die Aurikel weist eine in der Blumenwelt einmalige Farbvielfalt auf, von Rot und Gold über Amethyst bis hin zu Bronze. Künstler wussten diese Farbpalette ebenso sehr zu schätzen wie die Gärtner, und bald tauchten Aurikeln in jedem Stillleben auf. Im neunzehnten Jahrhundert schließlich war die Blume selbst zum angemessenen Symbol für die Kunst des Malers geworden.

Ich finde Aurikeln absolut unwiderstehlich. Auf der Höhe ihres Ruhmes stellte man sie wie Juwelen auf speziell konstruierten, mit dickem Samt ausgelegten „Bühnen" aus. Meine Bühne ist viel einfacher anzufertigen, als man meinen möchte. Ich habe einen Block Steckmasse benutzt, wie er sonst für Grabgestecke verwendet wird. Wer selbst keine Hecke hat, bekommt Buchszweige beim Floristen. Stecken Sie kurze Stücke so dicht wie möglich in den Schaum; lassen Sie dabei Platz für die Aurikelpflanzen. Ist die Steckmasse vollständig bedeckt, beschneiden Sie den Buchs ganz wie einen Formstrauch.

Sie können diese Idee auch in größerem Rahmen oder mit einem anderen Behälter umsetzen. Alternativen sind die Porzellanblume (*Hoya*, für die plastische Kunst) und Ried (für die Musik).

Aurikeln (Primula auricula) *und Buchs* (Buxus sempervirens)

Freude, Ausgelassenheit & Freundschaft

Stiefmütterchen

Stiefmütterchen sagen „Denk an mich!" und drücken je nach Farbe Heiterkeit oder freundliche Aufmerksamkeit aus.

Das Wilde Stiefmütterchen *(Viola tricolor)* blickt auf eine ruhmreiche Vergangenheit zurück. Diesem unauffälligen Blümchen wurden schon früh Heil- und Zauberkräfte zugesprochen, ganz besonders in Herzensangelegenheiten. Die Gedenkblume, wie sie regional genannt wird, hat aber auch verschiedene christliche Symbolgehalte. Als Marienblume beispielsweise stehen die drei Blütenblätter für Mariä Verkündigung, Mariä Empfängnis und Mariä Himmelfahrt. Auch als Karfreitagsblume mahnt das Stiefmütterchen zur Einkehr und zum Gedenken.

Zu Beginn des neunzehnten Jahrhunderts wurde die wilde, ursprüngliche Form mit Verwandten aus der Türkei und von der Krim gekreuzt; als wahrhaft edles Resultat entstand das Stiefmütterchen, wie wir es heute kennen. Innerhalb kürzester Zeit stieg es zur Modeblume auf, von der man schnell viele kunstvolle, farbenfrohe Formen züchtete. Sogleich nahm man es auch in die gerade ebenso beliebte Blumensprache als Symbol des Gedenkens und der liebevollen Gedanken (jedoch rein platonischer Natur) auf; in den meisten Fällen überreichte man das Stiefmütterchen als herzlichen Gruß an einen Freund.

Eine lange Liste an Bedeutungen wurde den Stiefmütterchen je nach Farbe zugeordnet, sodass die ganze Familie einen beträchtlichen Anteil an der Kommunikation mit Blumen hatte. Blau bedeutet „Dir ewig treu ergeben"; Violett „Ich denke an Dich"; Gelb steht für ländliches Glück und Weiß für Sittsamkeit und Reinheit.

Stiefmütterchen sieht man am häufigsten als Beetpflanzen, aber man kann sich an ihnen für kürzere Zeit auch im Haus erfreuen. Die Stiele sind für Schnittblumen reichlich kurz, doch lassen Sie einmal die Blütenköpfe in einer flachen Schale schwimmen, wie ich es hier getan habe, so kommen die schönen Blütengesichter voll zur Geltung. Dem Gedanken an ferne Freunde können Sie auch mit Zinnien Ausdruck verleihen (siehe Seite 145).
Stiefmütterchen (Viola *x* wittrockiana *und* Viola *x* williamsii)

Akelei

Waren sie früher ein religiöses Symbol, so gelten die nickenden Köpfe der Akelei heute als Sinnbild für Narretei und Eigensinn und sind Inbegriff von Unbekümmertheit und Albernheit.

Diese ausdauernde Staudengattung kennt über siebzig Arten. Sie passt wunderbar zu anderen Blumen des Spätfrühlings, ob im Garten oder als Schnittblume. Ich verwende die Akelei jedoch gerne einzeln – nichts lenkt dann von ihren langen schlanken Spornen ab. Die vollkommen unkomplizierte Pflanze säte man früher in Töpfe, um sie blühend ins Haus zu holen – eine Idee, die man wieder aufgreifen sollte. Stellen Sie die Akelei ganz elegant in schlichte einfarbige Vasen oder betonen Sie ihr fröhliches Wesen mit ausgefallenen Behältern, wie diesen alten französischen Dosen.

Ähnliche Blumen sind der Wilde Rittersporn (Ausgelassenheit und Leichtfertigkeit) und die Chrysantheme (Fröhlichkeit).

Akelei (Aquilegia vulgaris)

Freude, Ausgelassenheit & Freundschaft

Die Akelei wird im Bayerischen auch „Fünf Vögerl z'samm" genannt, und tatsächlich erinnert die Blüte an fünf Vögel, die im Kreis aus einer Schale trinken. Der englische Name „columbine" leitet sich her vom lateinischen „columba", Taube. Zugegeben, die langgespornte Art in der Abbildung links erinnert eher an eine Schar aggressiver Gänse, doch man soll nicht kleinlich sein. Die Kirche nutzte diese Ähnlichkeit mit einem Vogel jedenfalls, um eine Verbindung zwischen der Akelei und dem Heiligen Geist herzustellen, der traditionell als fliegende Taube dargestellt wird. Diese filigrane, märchenhafte Blüte tauchte zwischen dem dreizehnten und sechzehnten Jahrhundert in der religiösen Kunst zunehmend als Symbol der Gnade und Erlösung auf.

Wie kam es nun dazu, dass einer Blume mit derart erhabenen Symbolgehalten in der Blumensprache die Bedeutung der Narretei zugewiesen wurde? Nachdem sie während der Renaissance als Aphrodisiakum eingesetzt worden war, begann man nach der Reformation, weltliche Vergleiche zu ziehen. Die langen Sporne der Akelei erinnern auch an Hörner – uraltes Symbol des betrogenen Ehemanns. Eigensinn galt als Charakterzug einer untreuen Ehefrau; deren Mann wiederum betrachtete man herzlos als jemanden, aus dem ein Narr gemacht wird. Die himmlische Blume war abgestürzt.

Freude, Ausgelassenheit & Freundschaft

Ich stelle besonders gern blühende Pflanzen mit Früchten zusammen, weil sie einfach immer zueinander passen. Dabei bevorzuge ich Jasmin: Blühend in einem Topf, der in einer Schale unter Obst verborgen ist, lässt er sich wunderbar arrangieren und erzielt eine fantastische Wirkung. Meist wird diese Art an kleinen Drahtringen gezogen und so verkauft. Lösen Sie zum Dekorieren äußerst vorsichtig die Ranken von der Kletterhilfe. Ich stelle den Topf in eine große Schale und füge die Früchte einzeln hinzu, bis er verdeckt ist und alles zum Anbeißen aussieht – was es schießlich auch ist.

Kombinieren Sie im Winter Jasmin mit Zitrusfrüchten: Orangen stehen für Großzügigkeit, die gut zur Liebenswürdigkeit des Jasmins passt.

Birnen und Jasmin (Jasminum polyanthum)

Birnen & Jasmin

Carlo Crivelli schuf im fünfzehnten Jahrhundert ein Marienbild, auf dem das Jesuskind als Symbol seiner Güte und seines Mitgefühls eine Birne in der Hand trägt. Da die Birne ein Symbol der Zuneigung war, wurden auf dem Land gern Birnbäume in Grenzhecken gepflanzt, um Böswilligkeit oder Streit mit den Nachbarn abzuwehren. (Doch Vorsicht: In China ist das Zeichen für „Birne" und „Trennung" gleich – dort könnte Ihre Botschaft missverstanden werden!)

Jasmin hingegen scheint auf der ganzen Welt willkommen zu sein; sogar bloß von Jasmin zu träumen soll Glück bringen. Die Pflanze stammt aus Indien oder Arabien und wird im Westen bereits seit so langer Zeit kultiviert, dass die Herkunft nicht nachvollziehbar ist. Im Osten wurde Jasmin immer mit der Liebe in Verbindung gebracht, und viele schöne Geschichten ranken sich darum. Im Westen dagegen gab es prosaischere Assoziationen: Man pflanzte ihn gern neben das Klosett, wo sein süßer Duft von praktischem Nutzen war. Und so wurde die Liebe zur bloßen Liebenswürdigkeit reduziert. Als „freundlich" lässt sich sogar das Aroma beschreiben: Jasminöl lässt sich gut mit anderen ätherischen Ölen mischen, um den Duft einer dritten Blume zu imitieren (so verbinden sich Jasmin- und Tuberosenöl zu einem Hyazinthenduft).

Birnen für Zuneigung, Jasmin für Liebenswürdigkeit und Freundlichkeit – die perfekte Kombination für ein Abendessen mit guten Freunden oder aber einfach, um jemandem zu zeigen, wie sehr man seine Wärme und sein Verständnis schätzt.

Freude, Ausgelassenheit & Freundschaft

Rhabarber als Zierpflanze ist fast so selten wie ein Arzt, der ihn gegen Übelkeit verschreibt. Hier habe ich ein paar Blütenstiele mit den essbaren Blattstielen kombiniert; die roten Stangen allein sind in der Vergrößerung durch das Glas der Karaffe schon überaus dekorativ. Stellen Sie sie einmal in einen Glashafen oder eine zylindrische Vase und türmen Sie Rosen oder Dahlien in herrlich kontrastierenden Farben darüber. Rhabarber bietet viele symbolische und ästhetische Möglichkeiten. Er ist eine angenehme Schnittblume, auch wenn das Wasser recht bald nach Rhabarberkuchen duftet.

Nur ein blühender Ast oder eine Hand voll Blütenköpfe: Rhododendron ist ein ausgezeichneter Vasenschmuck. Dieser einfache Strauß besteht aus drei üppig blühenden Zweigspitzen; die goldbraune Vase bildet einen schönen Kontrast zu den Farben der Blüten.
Rhabarber (Rheum x hybridum) *und Rhododendron* (Rhododendron 'Percy Wiseman')

Rhabarber & Rhododendron

Rhabarber steht für guten Rat, Rhododendron schließt sich mit einer Warnung vor Gefahr und der Bitte, sich vorzusehen, an. So lässt sich ein Gespräch über leichtsinnige Vorhaben oder unglückselige Angelegenheiten vorsichtig einleiten.

Vor 1778, als nachgewiesenermaßen die erste Rhabarbertorte serviert wurde, scheint niemand Rhabarber gegessen zu haben. Ungefähr aus dieser Zeit stammt auch die Überzeugung, dass man mit einer Rhabarbertorte Macht über eine geliebte Person erlangen kann. Machtausübung und guter Rat wiederum scheinen für manche Menschen ein und dasselbe zu sein.

Vor seinem Debüt als Torte war der Rhabarber in China und Tibet als Heilpflanze hoch geachtet. Noch im neunzehnten Jahrhundert hielt man es in Nordamerika für ratsam, die Rhabarberwurzel in der Hausapotheke mit sich zu führen. Diese Vergangenheit als Heilpflanze und nicht die Verwendung als Leckerei scheint also die Verbindung zum guten Rat herzustellen.

Die Verknüpfung von Rhododendron mit Gefahr jedoch geht eindeutig auf Naschhaftigkeit zurück. Xenophon beschreibt im Jahr 400 v. Chr., wie die griechische Armee nach einem Feldzug beinahe durch ein Gelage mit erbeutetem Wein und Honig vernichtet wurde. Die Bevölkerung hatte die diebischen Besucher nicht eigens darauf hingewiesen, dass der Honig von den giftigen Blüten der Pontischen Azalee *(Rhododendron luteum)* stammte und nur verdünnt genießbar war. Noch heute gibt es alljährlich mehrere Vergiftungsfälle; seien Sie also vorsichtig mit Honig, der in der Nähe von Rhododendronpflanzungen gewonnen wurde!

Freude, Ausgelassenheit & Freundschaft

In diesem kleinen, elegant zurückhaltenden Herbststrauß sorgt eine Hand voll Dahlien in tiefstem Burgunder für Blütenpracht und wird von aromatischen schwarzen Pfefferminzzweigen farblich ergänzt. Kräuter sind ebenso problemlos zu ziehen wie zu kaufen; der begeisterte Koch findet sie als Pflanze und als Sträußchen im Angebot. Das Eichenlaub, das bereits seine Herbstfärbung annimmt, rundet das Bild ab. Eine schmale und kantige Vase, die jeder Pflanze ihren festen Platz zuweist, verstärkt die moderne Eleganz des Arrangements.

Dahlien (Dahlia 'Night Queen'), Pfefferminze (Mentha piperita) und Ungarische Eiche (Quercus frainetto)

Dahlien, Pfefferminze & Eichenlaub

Für die perfekte Gastgeberin: Dahlien für guten Geschmack, Pfefferminze für Wärme und Herzlichkeit, und Eichenlaub für die Gastfreundschaft.

Als die spanischen Eroberer die Dahlie aus Mexiko nach Europa mitbrachten, fand sie zunächst keinen großen Anklang. Der Kurator des Königlichen Botanischen Gartens von Paris fand sie derart unattraktiv, dass er ihre Eignung als Kartoffelersatz erprobte. Allerdings ohne Erfolg – dafür blühte die Dahlie am Ende des achtzehnten Jahrhunderts in dem prachtvollen Garten der Kaiserin Josephine in Malmaison, die für Eleganz und guten Geschmack bekannt war.

Unsere zweite Pflanze, die Pfefferminze, ist hingegen ganz gewiss genießbar. Pfefferminztee erweckt die Vorstellung von der emotionalen Wärme und Gastfreundschaft Marokkos. Unter dem Einfluss von physischer Wärme setzen Minzeblätter Menthol frei, das schon lange genutzt wird, um gegen Erkältungen und Grippe vorzubeugen; außerdem regt Minze die Verdauung an, weshalb der perfekte Gastgeber nach dem Essen Minzkonfekt reicht.

Die Eiche wird allgemein mit Stärke, Mut und Tapferkeit in Verbindung gebracht. Ein Eichenbaum gewährte dem neugeborenen Zeus Schutz und rettete ihn vor seinem rasenden Vater; als nationales Symbol war die Eiche weit verbreitet (auch vor Missbrauch nicht gefeit); wir finden Eichenlaub bis heute auf den kleineren deutschen Cent-Münzen abgebildet.

Freude, Ausgelassenheit & Freundschaft

Immergrün als Erinnerung an Jugendfreunde, Weinblätter als Symbol der Trunkenheit, Lärche für Übermut – dazu Majoran für das unvermeidliche Erröten.

Dieses lockere Arrangement sollte man, damit es wirklich gut wirkt, ohne langes Nachdenken zusammenstellen. Das ist schwerer als es klingt – Sie müssen den Künstler in sich bezwingen –, doch der symbolische Gehalt geht vor. Ich habe ein afrikanisches Tongefäß verwendet (mit einer wassserdichten Vase darin) und die Pflanzen einfach händeweise hineingesteckt. Das Ergebnis ist ein ungekünsteltes, wild-natürliches Arrangement. Im passenden Schälchen liegen nur unreife Trauben und ein einzelnes Weinblatt.
Immergrün (Vinca minor), *Lärche* (Larix decidua), *Weinlaub* (Vitis vinifera) *und Wilder Majoran* (Origanum vulgare)

Immergrün, Lärchenzweige, Weinlaub & Majoran

Immergrün pflanzte man früher in den Garten von Neuvermählten, um ihnen Glück zu bringen, und nicht selten steckte man der Braut eine Blüte in den Strumpfhalter – vielleicht eine Anspielung auf die alte Verwendung als Aphrodisiakum. Der botanische Name Vinca geht auf das lateinische „vincire", binden, zurück – ein passendes Symbol für Ehe und Freundschaft. Weniger erfreulich ist die Verwendung der Blüten in römischen Opferriten. Vielleicht ging hierauf der mittelalterliche Brauch zurück, Verurteilte mit Immergrün-Ranken zu umwinden.

Ganz offensichtlich ist die Verbindung zwischen Weinlaub, Wein und Trunkenheit. Lärchen stehen mit Wagemut in einem viel weiteren Zusammenhang: Im achtzehnten Jahrhundert fasste der Duke of Atholl den kühnen Entschluss, auf seinem Gut in Perthshire mit siebzehn Millionen Lärchensetzlingen die erste Baumplantage anzulegen. Auch die Bach-Blütentherapie sieht die Verbindung zur Kühnheit; sie verabreicht Lärche zur Hebung des Selbstvertrauens.

Und schließlich die Verknüpfung von Majoran und Erröten: Diese rührt wahrscheinlich von dem Glauben her, eine Jungfrau sehe ihre wahre Liebe im Traum, wenn sie am Abend vor Mittsommer ein Zweiglein Majoran unter ihr Kopfkissen lege.

Einigkeit

Harmonie

Entzücken

Schönheit

Fantasie

Charme

Verzückung

Begehren

Ekstase

Faszination

Heimlichkeit

Liebe, Sehnsucht & Verlangen

Liebe, Sehnsucht & Verlangen

Der Wiesenkerbel ist, wie alle Blumen von Waldrand und Feldrain, eine Feenblume. Auch seiner zarten Anmutung wird der poetische Name „Feenspitze", wie er auf den britischen Inseln genannt wird, eher gerecht. In Zeiten, die an Abwechslung und Unterhaltung arm waren, war die Verwandlung sämtlicher Wegränder in ein duftig-weißes Märchenland Anlass für zahlreiche Kindergeschichten und Fabeln.

In Irland kennt man den Wiesenkerbel als „lady's lace", Liebfrauenspitze. Eifrig pflückte man die Pflanze im Mai, um damit zu Ehren der „lieben Frau" – der Namensgeberin Maria – die Altäre zu schmücken.

Wiesenkerbel & Herzkelch

Schäumender Wiesenkerbel für Fantasie und Herzkelch für mädchenhaften Charme – diese Zusammenstellung bezeugt einer Frau eine traumhafte feminine Ausstrahlung.

Der Herzkelch blickt auf eine einfachere Vergangenheit zurück. Eucharis war eine freundliche Nymphe der griechischen Mythologie, deren Liebreiz den Telemachos, den Sohn des Odysseus, anzog. Ihr Name bedeutet „gefällig" oder „anziehend". Als in Südamerika der Herzkelch entdeckt wurde, benannte man diese Zwiebelblume nach dem sanften Fabelwesen. Die Blüten verströmen einen äußerst zarten und feinen, femininen Duft, der zusammen mit den vollkommen weißen, bescheiden zu Boden geneigten Blüten Anlass für den wohlverdienten Symbolgehalt der Blume gab: Sie steht für mädchenhaften Charme.

Wiesenkerbel ist eine weit verbreitete Wildblume; dennoch bekommt man ihn auch im Blumenladen. Stellen Sie die Stiele als Erstes ein paar Zentimeter tief in kochendes Wasser, bis es abgekühlt ist – so halten sie länger in der Vase. Wie man es von einer netten jungen Dame erwartet, ist der Herzkelch unkompliziert und stellt keine Forderungen; die zarten Blütenblätter sind jedoch sehr empfindlich und sollten entsprechend vorsichtig gehandhabt werden. Die ungewöhnliche Kombination mit Wiesenkerbel ist ausgesprochen reizvoll. Ich bin für ein zartes, lockeres Arrangement, vielleicht in hohen Glasgefäßen, in denen der strahlende Kerbel und die edle Zartheit des Herzkelchs am besten zur Geltung kommen.

Wiesenkerbel (Anthriscus sylvestris) *und Herzkelch* (Eucharis grandiflora)

Kranzschlinge & Gardenie

Trügerisch ist die Sprödigkeit dieses so unschuldig wirkenden Bündnisses; sie täuscht über die schamlose Botschaft hinweg, welche die jungfräulich weißen Blüten übermitteln – allerdings wirkt bereits das Dufterlebnis unwiderstehlich verführerisch.

Beide Blumen wurden mit dem Reisen in Verbindung gebracht: Im Fall der Kranzschlinge mit dem Wunsch zu reisen, bei der Gardenie eher mit einer Fahrt hinein in Vergnügen und Ekstase. Bedenkt man die lange Reise, die beide hinter sich hatten, als sie im achtzehnten Jahrhundert aus Südafrika nach Europa gelangten, ist das gar nicht so erstaunlich.

Die Gardenie entdeckte ein gewisser Kapitän Hutcheson während seiner Heimreise aus Indien, als er einen Nachmittagsspaziergang an einem südafrikanischen Strand unternahm. Wie außerordentlich muss ihr erster Anblick gewesen sein: Selbst wer sie schon kennt, lässt sich von einer Gardenie in voller Blüte begeistern. Und so können wir uns gut den Sinnestaumel vorstellen, in den der gute Kapitän im Jahr 1754 von einer Pflanze versetzt wurde, die noch heute viele Menschen fasziniert.

Liebe, Sehnsucht & Verlangen

Die Kranzschlinge wispert verführerisch „Komm zu mir!", die Gardenie verspricht frech den Weg zur Ekstase – eine wahrhaft fruchtbare Paarung.

Sowohl die Kranzschlinge als auch die Gardenie werden überwiegend als Topfpflanze angeboten. Im Blumengroßhandel erhältliche Blütenzweige finden vor allem für Brautsträuße und Haarkränze Verwendung. Die Kranzschlinge ist meist fest an einen kleinen Reifen gebunden, was mir jedoch traurig und fantasielos erscheint. Ich ziehe es vor, die Ranken vorsichtig zu lösen (das geht am einfachsten, wenn die Knospen noch geschlossen und daher unempfindlicher sind) und sie in einer Schale zwischen Zitrusfrüchten zu drapieren. Die Früchte verdecken der Topf, und das glänzende Laub und die duftenden Blüten der Kranzschlinge erinnern an Laub und Blüten der Zitruspflanze. Manchmal, wie hier, schneide ich eine kurze Ranke für die Vase. Wenn Sie den Stiel einschneiden und in Wasser geben, halten die Blüten mehrere Tage. Die Pflanze aber treibt nach und blüht erneut.

Topf-Gardenien geizen typischerweise mit ihren opulenten Blüten; wenn sich zwischen dem ganzen Grün scheu eine einsame Schöne verbirgt, lässt die Wirkung meist zu wünschen übrig. In diesem Fall sollte man die Pflanze nicht als Kunstobjekt sehen, sondern sie lieber – wie ich hier – als Blütenlieferantin nutzen: Man stellt sie an weniger prominenter Stelle auf und schneidet die Blüte ab, um diese dann in ihrer ganzen Pracht ungestört zu bewundern. Auch die Gardenie lebt und knospt immer weiter.

Kranzschlinge (Stephanotis floribunda) *und eine Gardenienblüte* (Gardenia jasminoides)

Liebe, Sehnsucht & Verlangen

Winde

Die Winde, schöner Plagegeist der Gärtner, legt hier ihren schlechten Ruf ab, um ein verführerisches Angebot zu machen: „Wir sollten uns zusammentun." Verstehen Sie diese missachtete Blüte als ungewöhnliche Einleitung zu einem romantischen Antrag – oder als unverfrorenes Ansinnen.

So attraktiv ihre Blüten auch sind: Die mehrjährige Winde wird nie zu den Lieblingspflanzen eines Gärtners gehören. Sie ist ein hartnäckiges Gewächs und eine schamlose Opportunistin. Schon aus dem kleinsten Stückchen regeneriert sie sich und, wie es der Kräuterkundler Gerard bereits im sechzehnten Jahrhundert so passend formulierte, „ergreift was auch immer in ihrer Nähe steht". Sie ist geradezu unausrottbar, was sich in manchen volkstümlichen Namen niederschlägt: Ackerläuse, Slangenrank und Teufelsdarm, um nur einige zu nennen.

Diese Winden sind die eher penetranten Mitglieder der Familie *Convolvulaceae*, zu der auch die sehr beliebte Dreifarbige Winde zählt. Der Gattungsname *Convolvulus* geht auf das lateinische „convolvere", umwickeln oder verschlingen, zurück, und beschreibt ebenso wie der deutsche Name „Winde" jene Eigenschaft, welche ihre Unbeliebtheit begründet. Hat sich ein Trieb um eine andere Pflanze geschlungen, lässt er sich kaum wieder lösen. Interessanterweise dreht sich die Winde immer in die gleiche Richtung, egal, wo man sie antrifft: von oben betrachtet gegen den Uhrzeigersinn.

In der Blumensprache sagt die Winde: „Wir sollten uns zusammentun", und das ließe sich kaum angemessener ausdrücken. Allerdings scheint die vorgeschlagene Verbindung einengend, repressiv und wohl auch unwiderruflich zu sein. In der Bach-Blütentherapie wird die Winde unter anderem angewendet, um Suchtverhalten zu überwinden. Sie möchte einfach ewig dauern – und ich hoffe, Sie stellen Ihren Antrag trotzdem.

Noch nie hatte ich Winden als Blumenschmuck verwendet; das Ergebnis hielt mich absolut gefangen. Erstaunlicherweise schienen die Blüten die Bewunderung gleichfalls zu genießen: Sie hielten tagelang. Doch auch nur für wenige Stunden hätte sich dieser ungewohnte Vasenschmuck mit seiner tiefgründigen Botschaft schon gelohnt. Stellen Sie die Stiele nach dem Schneiden rasch ins Wasser. Das Erfolgsgeheimnis scheint in recht kurzen, entblätterten Trieben zu liegen. In Anbetracht der Zähigkeit der Winde sind ihre Blüten erstaunlich zart; gehen Sie vorsichtig mit ihnen um. Wahrhaft exquisit sind die gezwirbelten Blütenknospen; auch sie öffnen sich in der Vase.

Zaunwindenblüten (Calystegia sepium)

Convolvulus

Kalla & Farn

Kalla für zerbrechliche weibliche Schönheit, Farn als Sinnbild der Faszination – diese anmutige Verbindung lässt eine Dame wissen, dass ihre Reize nicht unbemerkt geblieben sind.

Liebe, Sehnsucht & Verlangen

Eine wunderbare große Muschel wie jene, aus der Botticellis Venus steigt, inspirierte mich zu diesem lange haltbaren Gesteck. Ich setzte winzige Farne in die Muschel (lebende Pflanzen sind vorzuziehen, da geschnittenes Farnlaub selten haltbar ist) und füllte die Zwischenräume mit Steckmasse. In diese schob ich die Stängel der Kallablüten; manche ließ ich mit Absicht über den Rand fließen, um ihre langstielige Schönheit zu unterstreichen. Die Farnwedel zupfte ich zurecht, bis sie den Steckschaum zudeckten.

Ähnlich charmante Nachrichten übermitteln Hibiskusblüten (zarte Schönheit) und kleinblütige Sonnenblumen (Bewunderung).
Kallablüten (Zantedeschia aethiopica 'Crystal Blush') *und Streifenfarn* (Asplenium trichomanes)

Im neunzehnten Jahrhundert gab es eifrige Farnsammler, die in ihrer grenzenlosen Begeisterung spezielle Gewächshäuser, Schluchten und Baumstumpf-Sammlungen anlegten und kunstvolle Glaskästen aufstellten. So überrascht es kaum, dass Farn in den gleichzeitig entstandenen Wörterbüchern der Blumensprache für die Faszination steht.

Bereits in alten Überlieferungen gelten Farne als nützlich in Liebesdingen. Der Sage nach konnte eine junge Frau jeden arglosen Mann verführen, dem sie Farnsporen in einen Kuchen einbackte; die Sporen musste sie mit einer Haselholzgabel in ein Zinnschüsselchen sammeln, denn jegliche Berührung mit der Hand hätte die Zauberkraft gebrochen. Farnsamen sollte auch unsichtbar machen, wenn man ihn in die Schuhe streute – zwar wenig romantisch, aber dafür vielleicht nützlich.

Und schließlich gibt es die alte Sitte, einen Farnwedel ganz unten abzuschneiden, um auf dem Anschnitt den Anfangsbuchstaben des zukünftigen Ehegemahls zu lesen: eine faszinierende Vorstellung, die perfekt zu einer Pflanze passt, die für romantische Verzauberung steht.

Die ursprünglich aus Südafrika stammende Kalla war im neunzehnten Jahrhundert in England eine beliebte Gartenpflanze. Mit ihrer eleganten Form ist sie von unleugbar sinnlicher und entschieden femininer Schönheit; der Sage nach entsprang sie aus den Tränen, die Eva vergoss, als sie den Garten Eden verließ.

Ausdruck der Liebe, des Verlangens oder sogar der Lust – Rosen können tausend wichtige Dinge mitteilen.

Rosen

Eine der ergreifendsten Entdeckungen im Grab des Pharaos Tutenchamun war ein Sträußchen vertrockneter Rosen, das die junge Witwe tausende von Jahren zuvor in den Sarkophag gelegt hatte. Besonders beeindruckend dabei ist, wie frisch und stark die Symbolkraft der Rosen noch heute ist, während die Ägyptologen über viele andere Aspekte jenes Begräbnisses nur spekulieren können.

Die Rose wurde schon immer mit den vielen Facetten der Liebe, des Begehrens und der Schönheit in Verbindung gebracht; die römische Göttin der Natur, Cybele, soll sie aus Eifersucht auf die Schönheit der Venus erschaffen haben. Von Kleopatra geht die Sage, sie habe jeden Abend ihre Kissen mit frischen Rosenblättern ausstopfen lassen; für die Römer hingegen war die Blume mit der Leidenschaft und den Exzessen ihrer Orgien verknüpft (siehe Seite 146). Rosen werden auch mit Brahma, Buddha, Vishnu und Konfuzius in Verbindung gebracht, und die christliche Kirche deutete sie schließlich als Symbol der keuschen himmlischen Liebe.

Großenteils lag es an dieser Vereinnahmung durch die Kirche, dass immer mehr Rosenarten nach Europa gelangten. Gleichzeitig mit der Blumensprache erlangte im neunzehnten Jahrhundert auch die Rosenzucht ihren Höhepunkt. Hunderte neuer Sorten wurden gezüchtet; ihre Namen lesen sich wie ein Verzeichnis der meistgeschätzten Menschen jener Zeit, und spezielle Bedeutungen ergaben sich alsbald.

Die französische Kaiserin Josephine trug in ihrem Garten eine bedeutende Rosensammlung zusammen. Durch ihre eigene Popularität sicherte sie gleichzeitig den Ruf der Rose als beliebteste und romantischste Blume aller Zeiten. Sie sowie ihr Garten sind in den Namen zweier exquisiter Rosen verewigt. Vergessen sollte man dagegen das unromantische Gerücht, sie habe stets eine Rose bei sich getragen, um beim Lachen ihre schlechten Zähne dahinter zu verbergen.

Feste Handschuhe sind nötig, wenn Sie für eine unvergesslich romantische Hochzeitsnacht ein Bettgestell mit Rosengirlanden umwinden. Diese Multiflora-Rosen sind Symbol der Anmut. Auf Seite 80–81 flüstern blutrote Rosen „Ich liebe dich", und geöffnete weiße Blüten verkünden „Ich bin deiner würdig". Rote und weiße Rosen stehen im Strauß für Einigkeit. Heimlichkeit ist eine volle Rose über zwei Knospen, Vielfalt die gestreifte Rose, Moschusrosen stehen für eigensinnige Schönheit, die Centifolia-Rose gilt als Unterhändlerin der Liebe, und eine voll erblühte Rose, gleich einer Frau auf dem Gipfel ihrer Schönheit, lässt wissen: „Du bist wunderschön."

Rechts: Rosen (Rosa 'Bobbie James')
Vorhergehende Seiten, von links: Rosen (Rosa 'Courage', 'Iceberg', 'Charles de Mills', 'Ferdinand Pichard', 'Felicia', 'Louise Odier' und 'Susan')

Die dunkelrote Kamelie verkündet leidenschaftlich: „Du bist die Flamme meines Herzens"; in manchen Wörterbüchern der Blumensprache wurde das zu „anspruchsloser Vortrefflichkeit" gemildert.

Liebe, Sehnsucht & Verlangen

Kamelien

Die beliebte Oper „La Traviata" basiert auf Alexandre Dumas' Roman „Die Kameliendame"; dieser wiederum hatte die wahre Geschichte der Pariser Kurtisane Madeleine Duplessis zur Grundlage, deren Erkennungszeichen die Kamelie war. Offenbar reizten sie duftende Blumen zum Husten – vielleicht eine Vorform ihrer berühmten, tödlichen Schwindsucht –, und so wählte sie die Kamelie vor allem deshalb, weil sie ohne Duft ist. In Verdis Oper ist die Protagonistin gezwungen, ihre Juwelen zu verkaufen, und ersetzt diese durch Kamelien. In Wirklichkeit hielt Madame Duplessis jeden Abend ein Bouquet aus Kamelien in der Hand; mit weißen Blüten signalisierte sie ihre „Verfügbarkeit"; an den übrigen Tagen trug sie rote Blüten. Jeder Blütenfarbe der Kamelie war eine eigene Bedeutung zugeordnet. Neben Madame Duplessis' persönlicher Zeichensprache verkündete die weiße Kamelie: „Du bist anbetungswürdig" oder „von vollendeter Lieblichkeit"; rote sagten: „Du bist die Flamme meines Herzens" oder „von unprätentiöser Vortrefflichkeit". Rosa Blüten verrieten „Ich sehne mich nach dir" oder übermittelten das stillere Gefühl der Bewunderung.

Die in ihrer Heimat China seit Jahrhunderten verehrte Kamelie hatte den Westen etwa hundert Jahre zuvor erreicht und zählte schließlich zu den meistgeschätzten Blumen jener Zeit. Selbst die Kaiserin Josephine, eine große Trendsetterin, zog sie in ihrem berühmten Garten bei Malmaison, und so zierten alsbald stängellose, mit Draht gebundene Kamelien die Frisur oder den Ausschnitt einer jeden modebewussten Europäerin.

Als Schnittblume findet man die Kamelie heute selten; dennoch ist eine blühende Pflanze ein denkbar elegantes Geschenk. Zum Glück gedeiht der Strauch, der gehobene Ansprüche an das Pflanzsubstrat stellt, ausgezeichnet im Topf. Bereits nach wenigen Jahren sollte eine Pflanze Ihren Bedarf an Schnittblumen decken können. Hier treiben frische Kamelienblüten einfach in einer flachen Schale mit Wasser. Einige Blätter wurden entfernt, um die Aufmerksamkeit auf die Blüten zu lenken.

Kamelien (Camellia japonica)

Liebe, Sehnsucht & Verlangen

Tulpen

Tulpen stehen für Ruhm, rote jedoch sind eine Liebeserklärung. Papageien-Tulpen verkünden: „Deine Augen sind wunderschön", und gelbe stehen für hoffnungslose Liebe. Blumen für eine unnahbare Diva.

Bereits im vierzehnten Jahrhundert – lange bevor die Tulpe im Westen bekannt wurde – widmete ihr der persische Dichter Hafis Gedichte. In leidenschaftlichen Liebeserklärungen findet sich die rote Wildtulpe als Symbol wieder. Dieser Symbolgehalt erhielt sich unverändert, als die Kommunikation mit Blumen gut fünfhundert Jahre später in Europa auf ihrem Höhepunkt angelangt war. Doch bis dahin hatte die Tulpe eine unglaubliche Verwandlung durchgemacht.

Reisende Kaufleute und Gelehrte brachten sie 1554 nach Wien und 1593 nach Holland. Der Rest ist, wie man so schön sagt, Geschichte: Weder vorher noch nachher hatte eine Blume derartige Auswirkungen auf die Wirtschaft. Die Spekulation mit Tulpen wurde zu einer Form von Finanzmaklergeschäft, bei der mehr Vermögen verloren gingen als gewonnen wurden, und die Tulpe erschien öfter vor dem Gerichtshof als im Königshof.

Geflammte Tulpen waren besonders begehrt, da ihre unregelmäßige Färbung wie von Zauberhand erscheint (heute weiß man, dass ein Virus dafür verantwortlich ist). Die Papageien-Tulpen verkündeten: „Deine Augen sind wunderschön" – vielleicht, weil die Streifen in Kombination mit den „bewimperten" Rändern wie Augen wirken.

Die „Tulpenmanie" fand 1637 ein jähes Ende, als die holländische Regierung die Spekulation mit Tulpen untersagte. Die Zwiebel war zum Spielzeug der Reichen geworden, doch auf dem Weg dorthin hatte sie viele Existenzen ruiniert – ein Händler erfror gar, während er seine Tulpenzwiebeln unter seinen Decken wärmte. Gelbe Tulpen symbolisierten später die hoffnungslose Liebe, wie sie tausende auf tragische Weise besessene Spekulanten erfahren hatten.

Tulpen sind heute noch genauso beliebt wie ehedem, doch glücklicherweise sind die Preise inzwischen stabil. Sie sind hervorragende Schnittblumen, deren Stängel sich anmutig umeinander schmiegen, während sie in der Vase stehen. Wunderbar sieht es aus, wenn man eine Schale bis an den Rand mit einfarbigen oder aber hemmungslos buntgemischten mehrfarbigen Tulpen füllt.

Man kann sie auch so, wie in den exquisiten Tulpenvasen aus dem achtzehnten Jahrhundert anordnen, als die Blumen fast nur einzeln erschwinglich waren. Hierfür stellen Sie die Blütenstiele einzeln in schlanke Vasen, welche die natürliche Sinnlichkeit der Blüte betonen. Ich aber habe meine Tulpen zu einem verschwenderischen Strauß gebunden, in Seidenpapier gehüllt und mit Bändern umwickelt – eine unwiderstehliche Liebesbekundung.

Tulpen (Tulipa) *und Fuchsschwanz* (Amaranthus caudatus)

Ruhmeskrone & Insekten fressende Pflanzen

Die Ruhmeskrone symbolisiert die hehre Vereinigung zweier Liebender. Insekten fressende Pflanzen sind weniger feinsinnig – sie antworten einfach „Erwischt!".

Liebe, Sehnsucht & Verlangen

Die erlesene Ruhmeskrone ist im Blumenladen – wohl aufgrund ihrer Zerbrechlichkeit – nur selten zu finden. Die Blüten halten in der Vase sehr gut und an der Pflanze noch länger. Arrangieren Sie sie zu mehreren oder einzeln, sodass ihre sinnlichen Kurven deutlich werden.

Der Kannenstrauch lockt die Insekten in eine Fallgrube mit Verdauungssäften. Ich habe ein paar Deckelkannen abgeschnitten und dazu mehrere Schlauchblätter einer Schlauchpflanze untergetaucht; in der Vergrößerung durch das Wasser wirken sie noch unheimlicher. Ästhetisch sind sie eine Geschmacksfrage – doch was für ein Gesprächsstoff für den Kaffeeklatsch oder einen Junggesellenabschied!

Ruhmeskrone (Gloriosa superba 'Rothschildiana'), *Kannenstrauch* (Nepenthes alata) *und Schlauchpflanze* (Sarracenia sp.)

Um die Symbolik der Ruhmeskrone zu erkunden, müssen wir uns in ihre Heimat begeben, den exotischen Subkontinent Indien. Die Blume findet sich in vielen alten tamilischen „Sangam"-Gedichten, die von den Bergen erzählen, wo Liebespaare sich zu treffen pflegten und die Ranke wächst. Ein schönes Gedicht erzählt von einem Mädchen, das nach heftigen Regenfällen die Knolle einer Ruhmeskrone findet, die von den Bergen, wo ihr Geliebter wohnt, herabgespült wurde. Es pflanzt sie als Symbol ihrer Verbindung in ihren Garten.

Die Farben der Blütenblätter – ein lebhaftes Zinnoberrot, das aus goldgelbem Grund entspringt – werden in diesen Gedichten voller Leidenschaft mit den Lampen und Feuern verglichen, mit denen die Liebenden die kühle Bergluft wärmen. Die sinnlichen Kurven der Blüten spielen auf die Schmuckringe und Reifen an, die in der Hitze des Augenblicks gedankenlos beiseite fliegen. Das alles ist recht heftig für die feine Welt der Blumensprache, und so tritt die Insekten fressende Pflanze auf den Plan, wie die allgegenwärtige altjüngferliche Tante des Sittenromans, und zersprengt die wallenden Emotionen mit einem ebenso fröhlichen wie taktlosen „Erwischt!". Es mag überraschen, dass Pflanzen von solch finsterem Aussehen und grausigem Zweck am Ende mit dieser doch eher freudigen Äußerung verbunden sind, aber es geht am Ende doch alles gut aus – außer für die unglückselige Fliege!

Selbstbezogenheit

Eitelkeit

Einbildung

Verfolgung

Hochmut

Verachtung

Grausamkeit

Launenhaftigkeit

Standhaftigkeit

Niedertracht

Begierde

Ärger, Bitterkeit & Leid

Ärger, Bitterkeit & Leid

Tulpen, Lenzrosen & Buchenlaub

Tulpen für Ruhm, Buchenlaub fürs Stelldichein, Lenzrosen bedeuten Skandal und Verleumdung – dieses Trio weckt die Neugier und sorgt für Redestoff.

Diese üppige Zusammenstellung von Blüten und Blättern erzählt eine moderne Geschichte. Mit den Tulpen fängt alles an, sie stehen für Ruhm und Renommee – höchst angemessen, denn diese fürstlichen Blumen waren eine Sensation, als der österreichische Gesandte am persischen Hof sie im Jahr 1554 nach Wien brachte. Rasch verbreiteten sie sich weiter, ihr Ruhm eilte ihnen voraus – bald war ganz Europa von einer „Tulpenmanie" ergriffen, und bei der Spekulation mit begehrten Zwiebelsorten wurden Vermögen gewonnen und verloren.

Lenzrosen ergänzen diese Erfolgsgeschichte um die unvermeidliche Prise Skandal und Verleumdung. Die ganze Pflanzenfamilie ist hochgiftig, doch in der Antike nutzte man sie als Wurmkur für Kinder. Eine Nebenwirkung bestand deshalb darin, dass die Kinder manchmal leider mit den Würmern starben. Eine klassische Erklärung des Symbolgehalts der Lenzrosen ist der Gebrauch, den in der griechischen Überlieferung der Schäfer Melampus von ihnen machte. Er kurierte die geistige Verwirrung der Töchter des Königs Proitos mit der Milch von Ziegen, die diese Pflanzenart gefressen hatten. Die drei unglückseligen jungen Damen hatten sich nämlich über eine Statue lustig gemacht und waren zur Strafe dazu verurteilt worden, nackt und von Raserei ergriffen umherzulaufen. Die Strafe mag übertrieben wirken; skandalträchtig aber war sie allemal.

Schließlich benötigt unsere Geschichte noch ein wenig Romantik, weshalb wir die Buche hinzufügen. Warum diese für das Stelldichein steht, ist nicht so ganz ersichtlich. Vielleicht liegt es an der alten Sitte, Liebesschwüre in Buchenrinde zu ritzen – bereits zu Römerzeiten ein beliebter Brauch.

Eine weitere mit der Buche verbundene Bedeutung ist der Wohlstand. Die Buche nämlich schaltet ihre Konkurrenz aus, indem sie einen so dichten Schatten wirft, dass alles darunter abstirbt – eine rücksichtslose Art der Erfolgssicherung. Dies ergänzt unsere Geschichte um eine aktuelle Warnung: Die berühmte Schönheit hat einen Skandal riskiert, in einer Liebesaffäre geschwelgt – und passend zur Ära der Klatschkolumne hat schließlich jemand davon profitiert.

Lenzrosen sollten Sie nur schneiden, wenn sie voll erblüht sind. Diese hier bilden bereits Samen aus und sind daher fest und haltbar. Stellen Sie die frisch geschnittenen Stängel etwa 2 cm tief in kochendes Wasser, bis dieses abgekühlt ist. Dann lassen Sie die Blütenstiele in einem hohen Eimer mit kaltem Wasser komplett untergetaucht über Nacht stehen. Nun sind die Blüten optimal präpariert und brauchen nur noch arrangiert zu werden.

Ich habe die Lenzrosen ganz zwanglos mit Tulpenblüten und Buchenlaub in einer Glasschale gemischt. Der Trick besteht darin, das Laub zu einem Gerüst zu stecken, in dem die Blüten dann gezielt angeordnet werden.
Tulpen (Tulipa *'Queen of Night'*), *Lenzrosen* (Helleborus x hybridus) *und Blutbuche* (Fagus sylvatica *'Atropurpurea'*)

Hortensien

Die arglose Hortensie wird mit einer erstaunlichen Zahl ganz und gar unliebsamer Charaktereigenschaften in Verbindung gebracht: Sie steht für Eitelkeit, Angeberei, Herzlosigkeit und sogar Frigidität.

Ärger, Bitterkeit & Leid

Frische Hortensienblüten gibt es mehr oder weniger das ganze Jahr über in praktisch jedem vorstellbaren Farbton. Ich mag aber auch die herbstlichen Blütendolden mit ihren trüberen flammenden oder einfach zinngrauen Farbverläufen. Hortensien für die Vase profitieren davon, wenn Sie die frisch geschnittenen Stängel ein paar Minuten lang gut 2 cm tief in kochendes Wasser halten, bevor Sie sie in kühles Wasser stellen. Sollten die Blüten welken, schneiden Sie die Stiele neu an und wiederholen die Behandlung mit dem kochenden Wasser. Nützt auch das nichts, legen Sie den ganzen Zweig mitsamt Blüten etwa eine Stunde in kühles Wasser.

Häufen Sie die Hortensien wie hier einfach und schlicht in eine große Schale oder bringen Sie damit Substanz und Farbigkeit in einen gemischten Strauß.

Hortensien (Hydrangea macrophylla)

Als die aus Amerika stammende Hortensie im Jahr 1788 im Hafen von London einlief, wurde sie mit Begeisterung empfangen. Seit Jahren versuchten Pflanzenzüchter, die Farben von Blumen zu verändern, und nun kam eine Pflanze daher, die offenbar eigenständig dazu in der Lage war. Es dauerte lange, bis der Zusammenhang zwischen der Blütenfarbe und dem Säuregehalt des Bodens, in dem die Pflanze wächst, hergestellt wurde. Inzwischen hatten Gerüchte von Zauberei, die ungewöhnliche Blüte und der übergroße Durst der Pflanze bereits eine unlösbare Verbindung zu Eitelkeit und Angeberei geknüpft.

Waren diese Zuordnungen ungerecht, so war die Wahl zum Symbol der Herzlosigkeit und Frigidität geradezu niederträchtig. Jeder Blütenstand der Hortensie enthält allerdings nur wenige fruchtbare Blüten und dazu viele sterile Scheinblüten. Dieses verwirrte die Botaniker ebenso sehr wie die veränderliche Farbe, und sie konnten sich nicht entscheiden, was nun Blüte, Kelchblatt, Staubbeutel und Stempel war.

Man kann wirklich behaupten, dass diese schöne Blume nicht verstanden wurde. Ein Wörterbuch der Blumensprache gibt es immerhin das wohl alles wieder gutmachen will, indem es der Hortensie diese Dankesbezeugung zuweist: „Vielen Dank für dein Verständnis." Der Grund dafür ist nun klar.

Ärger, Bitterkeit & Leid

Fingerhut & Kartoffelrosen

Fingerhut steht für Unaufrichtigkeit und Eigennutz, Kartoffelrosen sagen: „Schönheit ist dein einziger Vorzug" – diese Blumen geben einen vernichtenden Kommentar ab.

Diese beiden schönen Blüten übermitteln leider unschöne Nachrichten. Sie müssen sich in grauer Vorzeit etwas zuschulden kommen lassen haben, was ihnen zu Recht diesen Symbolgehalt einbrachte; heute jedoch ist ihre Ehre wiederhergestellt.

Der Fingerhut trägt schöne Blüten, doch seine Giftigkeit ist berüchtigt. Kein Tier außer der Biene rührt ihn an. Als Heilkraut war er von alters her hoch geschätzt, wobei man wusste, dass die Alternativen sterben oder geheilt werden waren. Ein aus den Blättern zubereiteter Tee war ein weit verbreitetes Mittel gegen die besonders qualvolle Wassersucht, bei der es dem Patienten wahrscheinlich ziemlich egal war, ob er die Behandlung überlebte oder nicht.

1785 verfasste der Arzt William Withering eine revolutionäre Schrift mit dem Titel „Bericht über den Fingerhut", in der er von dessen Heilwirkung berichtete. Er hatte erkannt, dass der Fingerhut eine Substanz enthält, die direkt auf das Herz wirkt. Noch heute wird Digitalis in der Medizin angewendet. Withering empfahl eine reduzierte Dosierung, wodurch die Anzahl der Todesfälle zurückging – obgleich sich bis weit ins neunzehnte Jahrhundert hinein noch Menschen mit Fingerhut-Tee umbrachten. Dies wäre ein Grund für eine Verbindung mit der Unzuverlässigkeit – doch Unaufrichtigkeit und Eigennutz? Dafür müssen wir einen Blick auf die volkstümliche Überlieferung werfen. Nach einer nordischen Legende streifen sich Füchse die Blütenkelche über ihre Pfoten, um sich noch leiser in den Hühnerstall schleichen zu können. Dieser Name – Fuchshandschuh, „foxglove" – blieb im Englischen bis heute erhalten.

Die Kartoffelrose stammt aus China, Korea und Japan. 1796 wurde sie als „Japanrose" nach England eingeführt. Sie ist schön und robust; es muss an ihren dicht mit Stacheln bewehrten Zweigen gelegen haben, dass ihr in der Blumensprache die Bedeutung zugewiesen wurde, Schönheit sei ihr einziger Vorzug. Rosenliebhaber sind da bestimmt anderer Meinung.

Wer Kartoffelrosen in den Strauß binden will, muss sich gut vorsehen, doch die Mühe, feste Handschuhe anzuziehen, wird reichlich belohnt. Schneiden Sie lange Stiele, wie ich es hier getan habe, oder zwicken Sie kurzstielige Blütenbüschel für ein Sträußchen ab. Stachelbewehrte Stiele müssen als Erste in die Vase: Schiebt man sie später hinein, zerfetzt man sämtliche anderen Stängel. Ich habe die Rosen hier in einem hohen Glaskelch arrangiert und danach einen Bund Fingerhut dazugesteckt. Wenn man den Fingerhut nicht zu sehr verteilt, entfalten bereits wenige Stiele eine großzügige Wirkung.

Fingerhut (Digitalis purpurea) *und Kartoffelrosen* (Rosa 'Roseraie de l' Haÿ')

Diese Kombination erzählt eine bittere Mär von enttäuschter Liebe: Der Venusschuh steht für die unzuverlässige eigensinnige Schönheit, während Goldlack die allen Widrigkeiten trotzende Treue des leidgeprüften Liebenden symbolisiert.

Ungewöhnliche Blumenkombinationen sind immer interessant. Zwar gleichen sich diese Blumen im Farbton, doch bei der Textur kontrastiert und ergänzt der samtig-weiche Goldlack die wächserne Steifheit der Orchidee.

Ich habe lediglich zwei Orchideenblüten mit einer Hand voll Goldlack kombiniert. Der Goldlack kam zuerst in die Vase, ganz locker, dazu dann die zwei zarten Orchideen, dicht beieinander, damit sie optimal wirken.

Stechapfelblüten (trügerische Reize) und Fingerhut (Unaufrichtigkeit, siehe Seite 98) übermitteln ähnliche Botschaften.

Goldlack (Erysimum cheiri) *und Venusschuh* (Paphiopedilum venustum)

Goldlack & Venusschuh

Die Paarung von mondäner Orchidee und bäurischem Goldlack ist genauso heikel wie die unselige Vereinigung, für die sie stehen. Den schlichten, unbedarften Goldlack trifft man in ländlichen Gärten, an Klippen und alten Steinmauern an – daher sein englischer Name „Mauerblume". Die Orchidee dagegen wirkt snobistisch, man verbindet sie mit Begierde und Luxus.

Der Venusschuh wurde ursprünglich als *Cypripedium* eingeordnet; der Gattungsname spielt auf die Insel Zypern an, Geburtsort der Venus und Ort des Venuskultes und – der Legende nach – zahlreicher loser Frauenzimmer. Orchideen kreuzen sich gerne – eine häufig mit Promiskuität verglichene Eigenart. Und schon wurde der launenhafte, leichtfertige Venusschuh mit den eigensinnigen Schönheiten dieser Welt gleichgesetzt.

Die Bedeutung des Goldlacks entspringt einer Legende von treuer Liebe. Ein Vater hatte seine Tochter in einen Turm gesperrt, um sie von ihrem Geliebten fern zu halten. Dennoch stellte sich täglich ihr treuer Verehrer ein. Als das Mädchen ihn einmal tief unten erblickte, wollte es hinabsteigen, indem es sich an den Goldlack klammerte, der die Mauer bedeckte. Die Ärmste stürzte in den Tod, und nun symbolisiert der Goldlack die allen Widrigkeiten trotzende Liebe.

Ärger, Bitterkeit & Leid

Waldrebe & Schachbrettblume

Da die Waldrebe für geistlose Schönheit oder gar Gerissenheit steht, warnt sie damit vor dem äußeren Schein. Die Schachbrettblume symbolisiert das Gefühl von Bedrängnis und Verdruss, das solch ein seichter Schmeichler hervorruft.

Die Gewöhnliche Waldrebe *(Clematis vitalba)* wird sowohl in der Homöopathie als auch in der Bach-Blütentherapie als Kur für Tagträumer eingesetzt – jene zerstreuten, unpraktischen Menschen, die immer alles vergessen und sich nicht richtig konzentrieren können. Ihnen geistesverwandt ist die Waldrebe; gibt man ihr nur die Gelegenheit, so wächst sie bis in die Baumwipfel hinein, um dann als dichter, wirrer Blütenschleier herabzuhängen. Doch man verbindet sie auch mit Gerissenheit: Vielleicht ist diese Kletterei manipulierender und durchtriebener, als man meint. Der äußere Schein der Gedankenlosigkeit könnte vorgespiegelt sein und die Schönheit letztendlich doch nicht so geistlos.

Wie immer es um die wahren geistigen Fähigkeiten einer solchen Person bestellt sein mag, das Zusammenleben mit einem derart täppischen Partner kann sich verdrießlich gestalten. Dies veranschaulicht die Schachbrettblume, die mit der Verfolgung in Verbindung gebracht wird. Über den Ursprung dieser Zuordnung können wir nur spekulieren. Ist darin ihr botanischer Name *Fritillaria meleagris*, nämlich das griechische Wort für Perlhuhn, widergespiegelt, das ein ähnlich gemustertes Gefieder trägt? Es dürfte sich zu Recht von jenen verfolgt fühlen, die es als besondere Delikatesse betrachten. Heute jedenfalls sind diese Blumen die Verfolgten, denn ihre natürlichen Lebensräume werden zunehmend durch intensive Landwirtschaft zerstört.

Ärger, Bitterkeit & Leid

Ich mag die ganze Gattung *Fritillaria* sehr und die Schachbrettblume ganz besonders. Sie ist eine ideale Gartenpflanze, die man zur richtigen Jahreszeit oft sogar blühend kaufen kann. Freuen Sie sich im Haus daran; wenn sie verblüht, setzen Sie sie in den Garten. Die Schachbrettblume mag feuchte Plätze und kann selbst ihren Standort wechseln, bis sie den angenehmsten gefunden hat. Dann schadet es gar nichts, wenn man ein paar Stiele pflückt. Verwenden Sie ein interessantes Gefäß als Vase, wie diesen alten Pfostenabschluss, in dem die Stängel aufrecht stehen und ganz natürlich wirken.

Die Waldrebe ist eine ebenfalls beliebte Gartenpflanze mit unendlich vielen Sorten; sie wird ein paar vorsichtig geschnittene Ranken sicher entbehren können. Waldreben werden ebenfalls als blühende Topfpflanzen angeboten, an denen man sich im Haus erfreuen kann, bevor man sie nach draußen pflanzt.

Schachbrettblumen (Fritillaria meleagris) *und eine Waldrebenranke* (Clematis montana *'Elisabeth'*)

Nymphaea

Die auserlesenen Blüten der Seerose werden als Symbol für große Schönheit, gepaart mit einem kalten Herzen, verstanden – die Eiskönigin der Blumenwelt.

Ärger, Bitterkeit & Leid

Seerosen

Die vollkommene Schönheit der Seerose wird von alters her verehrt. Ihren botanischen Namen hat sie von den griechischen Wassergottheiten, den Nymphen, die bis in alle Ewigkeit jung, schön und jungfräulich blieben. Diese endlose Keuschheit war zweifellos der Grund für die ihnen vorgeworfene Kaltherzigkeit – die alten Griechen glaubten sogar, die Seerose habe eine triebmindernde Wirkung. Dieser Ruf blieb haften, und im Mittelalter wurde eine Paste aus zerstampfter Seerosenwurzel empfohlen, um die Keuschheit von Priestern und Nonnen zu sichern. Über die genaue Anwendung können wir nur spekulieren.

Zur Zeit der Präraffaeliten war die Blumensprache bereits fester Bestandteil künstlerischer Symbolik. So verwendete Waterhouse in seinem Gemälde „Hylas und die Nymphen" (1896) die Seerose, um die Kaltherzigkeit dieser Wasserwesen zu unterstreichen. In seiner Darstellung locken die Nymphen den schönen Jüngling Hylas in die kalten Tiefen ihres von Seerosen bedeckten Teiches. Für das Schicksal des Hylas gäbe es zwei Möglichkeiten: den jähen Tod durch Ertrinken oder immer währende Fleischeswonnen. Der den Nymphen anhaftende Ruf der Keuschheit und die Symbolik der Seerosen lassen allerdings das Schlimmste befürchten.

Wie bei mehreren anderen Pflanzen durchläuft die Blüte der Seerose eine männliche und eine weibliche Phase. In der männlichen Phase öffnet sich die Blüte täglich und bietet reich mit Pollen besetzte Staubbeutel dar, welche die Insekten von weit her anlocken. Nach einigen Tagen beginnt die weibliche Phase; nun säumt ein Kranz aus glänzenden, pollenlosen Staubfäden eine mit Flüssigkeit gefüllte, unheilvolle Mitte. Anfliegende Insekten gleiten an den blanken Staubfäden herab in die Vertiefung und ertrinken. Dabei wird von ihnen Pollen abgewaschen, der sich auf den untergetauchten Blütenstempeln absetzt und so die Blüte befruchtet. Sollte es auf Erden tatsächlich eine hinterhältige Blumenschönheit geben, so wäre dies mit Sicherheit die Seerose.

Seerosen und Lotosblüten werden inzwischen regelmäßig als Schnittblumen angeboten. Mit ihrer Gewohnheit, sich je nach Licht- und Temperaturverhältnissen zu öffnen und zu schließen, sind sie zwar ein unzuverlässiger Schmuck für einen konkreten Anlass, doch es macht sie zu spannenden Hausgästen, wenn man ihr Spiel über einen längeren Zeitraum beobachten kann. Lassen Sie die Blüten so wie hier quasi natürlich und dicht an dicht auf dem Wasser treiben. Große Blätter könnten die Illusion vervollständigen. Als Alternative können Sie Seerosen auch dicht zusammen oder einzeln in enghalsige Vasen stellen – und sich dann über die Verrenkungen der Stiele und die Bewegungen der Blüten freuen.

Seerosen (Nymphaea)

Ärger, Bitterkeit & Leid

Vergissmeinnicht & Anemonen

Das Vergissmeinnicht ist das Symbol der wahren Liebe und der Sehnsucht des Menschen nach ewiger Liebe, die Anemone verbinden wir mit Verlassenwerden, Abschiedsschmerz und der Vergänglichkeit ebendieser Liebe.

Wie kommt es, dass zwei so hübsche Blumen solches Leid darstellen? Das Vergissmeinnicht ist das optimistischere der beiden. Wenigstens seit dem fünfzehnten Jahrhundert existiert dieser Name in mehreren Sprachen. Die grässlichste Geschichte seiner Namensgebung erzählt davon, dass ein Ritter seiner Dame die Blume pflücken wollte und dabei in den Strom stürzte; bevor ihn die Fluten davontrugen, rief er ihr noch zu: „Vergiss mein nicht!" Eine weniger pathetische Version weiß zu berichten, wie das Blümchen am Tag seiner Erschaffung seinen eigenen Namen vergaß. Als es am Abend den Herrgott im Garten spazieren gehen sah, fragte es ihn schüchtern, wie es heiße. „Vergissmeinnicht", lautete die Antwort.

Die Lebensgeschichte der Anemone ist kaum dazu angetan, die Trübsal zu vertreiben. Ihr Name stammt von dem griechischen Wort für „windiger Ort" ab, wo manche Arten gedeihen. Eine der Geschichten um ihre Entstehung erzählt, wie Zephir, der Gott des Westwindes, sich in eine Nymphe verliebte. Seine eifersüchtige Frau verwandelt diese in eine Anemone, um die Versuchung auszulöschen. Diese Verbindung verknüpft die Blume bereits mit den Gefühlen von Trennung und vergänglicher Liebe – und mit dem volkstümlichen Namen Windröschen.

Andere Legenden erzählen, wie die Anemone aus den Tränen entsprang, die Aphrodite beim Tod ihres geliebten Adonis vergoss, oder aber aus Adonis' Blut aufkeimte, das dieser sterbend vergoss – wieder die herzzerreißende Verbindung mit Abschied und Vergänglichkeit. Aphrodite scheint sich überraschend schnell erholt zu haben, was wiederum die melancholische Assoziation der Anemone mit der Unbeständigkeit der Liebe nur verstärkt.

Ärger, Bitterkeit & Leid

Vergissmeinnicht werden kaum als Schnittblumen angeboten, was wirklich schade ist. Doch wenn Sie welche kaufen oder aber pflücken, entfernen Sie so viele Blätter wie möglich, um den Flüssigkeitsverlust zu reduzieren. Dies ist auch ästhetisch sinnvoll, da die Blüten sich gern zwischen dem Laub verstecken. Arrangieren Sie Vergissmeinnicht ohne andere Blumen zu einem stimmungsvollen Bild; ich habe die Stiele schwungvoll in einer Schale mit Wasser platziert. Traditionellerweise stehen sie in kleinen Vasen. Das Vergissmeinnicht gibt für andere kleine Frühjahrsblumen einen schönen Gefährten ab – Maiglöckchen zum Beispiel passen gut, denn sie signalisieren wiederkehrendes Glück. Die gemeinsame Botschaft wäre herb und optimistisch zugleich.

Trotz ihres unglücklichen Symbolgehalts sind Anemonen zu Recht beliebte Beet- und Schnittblumen. Auch sie bilden unkombiniert ins Auge fallende Sträuße. Hier stehen die Stängel einzeln in Glasröhrchen, um ihre Einsamkeit zu betonen, doch wenn eine Vielzahl zu einem zeitlosen Strauß zusammengefasst wird, kommen die Blütenköpfe genauso gut zur Geltung. Ich nehme am liebsten Anemonen von derselben Farbe; oft jedoch werden sie als farbenfroh gemischter Bund verkauft, der leicht über ihre düstere Symbolik hinwegtäuscht. Im Gegensatz zur bunten Gartenverwandtschaft stehen das kleine Balkan- und das Buschwindröschen (*Anemone blanda* und *A. nemorosa*) für Vorfreude und Erwartungshaltung.

Links: Kronen-Anemonen (Anemone coronaria)
Linke Seite: Vergissmeinnicht (Myosotis dissitiflora)

Ärger, Bitterkeit & Leid

Die Bedeutung dieser einfachen Blume ist wohl bekannt: eklatante Selbstbezogenheit, Eitelkeit und Eigenliebe.

Wie die meisten Frühlingsblumen mit weichen Stängeln wollen Narzissen nicht in Steckmasse, sondern in einer Vase mit Wasser stehen – meist ist das Stecken sowieso unmöglich. Ich sehe Narzissen am liebsten ganz einfach arrangiert; in den hier versammelten weißen Gefäßen wirken sie fast wie in der Natur. Mit ein paar langen Grashalmen wäre der Eindruck sogar noch ursprünglicher. Stellen Sie Narzissen auch einmal dicht an dicht in einen hohen Glaszylinder, der ihre charakteristischen langen Stängel zum Teil des Arrangements macht.

Andere Blumen mit ähnlicher Botschaft sind Hortensien (Angeberei und Herzlosigkeit, siehe Seite 97) und Granatapfelblüten (Einbildung und Stolz).

Dichternarzissen (Narcissus poeticus *var.* recurvus)

Narzissen

Die Legende von dem griechischen Jüngling Narziss ist wohl bekannt. Ovid beschreibt seine große Schönheit und erzählt, wie er das Herz der Nymphe Echo mit der Zurückweisung ihrer Liebe brach. Die arme Echo schwand immer mehr dahin, bis von ihr nur noch die Stimme übrig blieb. Zur Strafe führten die Götter Narziss an eine Quelle, in der er zum ersten Mal sein Spiegelbild erblickte. Von seiner Schönheit gefesselt und den Blick ständig auf das Wasser gerichtet, verzehrte er sich vor Verzweiflung – wo sein schöner Körper lag, wuchsen die ersten Narzissen.

Der Name *Narcissus* leitet sich möglicherweise vom griechischen Wort für Narkotikum ab, denn angeblich war der Duft der Narzisse so übermächtig, dass er den Sterblichen überwältigen und benommen machen konnte. Auf fast dieselbe Weise kann das Leben eines Menschen von Selbstbezogenheit bestimmt sein. Narzissenblüten verweisen behutsam auf diese Gefahr; noch heute neigen die Blumen ihre Köpfe, als suchten sie einen Blick auf ihr Spiegelbild zu erhaschen.

Ärger, Bitterkeit & Leid

Nachthyazinthe, Brennnessel & Brombeere

Dieses Trio übermittelt beißende Kritik – Brennnesseln verweisen auf Grausamkeit, Brombeeren auf Leiden und die Nachthyazinthe auf riskante Vergnügungen.

In ihrer Heimat Mexiko verwendeten die Azteken das ätherische Öl der Nachthyazinthe zum Aromatisieren der Schokolade, nach der sie süchtig waren – womit bereits eine hinreichende Verbindung zu zweifelhaften Vergnügungen hergestellt wäre. Insofern sind auch Tadel oder Drohung als Symbolgehalt der Pflanze nur zu verständlich.

Als die Nachthyazinthe nach Spanien gelangte, fand das ätherische Öl in der Parfümherstellung breite Verwendung; zusätzlich hielt man es für ein Aphrodisiakum. Inzwischen hatte man die Pflanze auch auf Hawaii entdeckt, wo die Eingeborenen daraus die traditionellen Blumenketten fertigten, die ihre spärliche Bekleidung ergänzten. Beide Verbindungen festigten offenbar den zweifelhaften Ruf der Blume.

Die den Nesseln und den Brombeeren zugeschriebenen Bedeutungen erklären sich von selbst. Es gibt kaum eine grausamere Pflanze als die Brennnessel, und Brombeerranken können einem das Fortkommen zweifellos schwer machen. Ihre spitzen Stacheln werden seit langem mit den Leiden Christi assoziiert und die Beeren mit der erlösenden Kraft seines Leidens und Sterbens.

Der Duft macht die Nachthyazinthe zu einem sinnlichen Geschenk; manches Wörterbuch der Blumensprache schreibt ihr daher auch die mildere Bedeutung der Hingabe zu. Ich arrangiere sie gern grazil als aufrechten Strauß in einer hohen Vase. Sie halten wesentlich länger, wenn man verblühte Einzelblüten täglich auszupft; dann werden sich auch neue Knospen entlang der Stiele öffnen.

Damit die Botschaft wirklich unmissverständlich ist, sind die Brennnesseln und Dornenranken unerlässlich. Die Früchte der Brombeere sind besonders dekorativ, doch wählen Sie Ranken mit unreifen Beeren, die nicht abfallen und Flecken hinterlassen.

Nachthyazinthen (Polianthes tuberosa), *Brennnesseln* (Urtica dioica) *und Brombeere* (Rubus sect. Rubus)

Heilung

Beruhigung

Verlässlichkeit

Reue

Glückseligkeit

Wonne

Heiterkeit

Partnerschaft

Verbundenheit

Aufklärung

Erneuerung

Versöhnung, Glück & Zufriedenheit

Versöhnung, Glück & Zufriedenheit

Sollten Sie zu den Glücklichen gehören, die einen alten Apfelbaum im Garten haben, so schneiden Sie doch einmal im Frühling ein paar schöne Blütenzweige. Ich mag den krummen, knorrigen Wuchs sehr und betone ihn gern – eine oder mehrere hohe schlanke Vasen sind perfekt dafür; ein solches graziles, leichtes Arrangement könnte direkt einem orientalischen Wandschirm entsprungen sein. Eine ähnliche Wirkung erreichen Sie auch mit anderen Blütensorten, doch seien Sie sich der unterschiedlichen Bedeutungen bewusst: Kirschblüten deuten einen schönen Geist an, Mandelblüten sind das Symbol der Hoffnung, Zierapfelblüten dagegen stehen für Verstimmung.

Apfelblüten (Malus domestica) *und Flechten*

Apfelblüten & Flechten

Für Niedergeschlagenheit und Einsamkeit steht die Flechte, für vielleicht nachfolgende Reue die Apfelblüten – beide können den Weg zur Verzeihung ebnen.

Apfelbäume wuchsen in zwei sagenumwobenen Gärten. Im Paradiesgarten erfuhren Adam und Eva von Gut und Böse, nachdem sie die verbotene Frucht vom Baum der Erkenntnis gegessen hatten. Sie bereuten zwar ihre Tat, durften aber ihr idyllisches Leben dennoch nicht weiterführen. Die Sünde war geboren. Dies ließ den Baum mit einem schweren Vermächtnis zurück, das sich in seiner Symbolik spiegelt: Der Apfel steht für die Versuchung, die Apfelblüte für die Reue.

In Heras heiligem Garten am Berg Olymp stand ein goldener Apfelbaum. Einer der Äpfel, mit der Inschrift „Der Schönsten" versehen, verursachte einen furchtbaren Streit zwischen drei Göttinnen, bis ein glückloser Sterblicher, Paris, die wenig beneidenswerte Aufgabe erhielt zu entscheiden, wem er gebühre. Aus diesem Vorfall leiten sich zwei Bedeutungen ab: „Bevorzugung" in der Blumensprache, und der Ausdruck „Zankapfel" für den Gegenstand eines Streits.

Auf Apfelzweigen gedeihen manchmal graue, moosartige Gewächse, so genannte Flechten. Genau genommen sind es zwei Organismen, Algen und Pilze, die in perfekter symbiotischer Gemeinschaft leben. Flechten ziehen abgelegene Gegenden mit reiner Luft vor und sind häufig noch in großer Höhe zu finden – selbst oberhalb der Schneegrenze. Sie erinnern daher an Einsamkeit und – was oft damit zusammenhängt – Niedergeschlagenheit.

Gemeinsam stehen diese Blumen für eine glückliche, feste Beziehung: Hyazinthen als Symbol beständiger, unbeirrbarer Liebe, Maiglöckchen für die Wiederkehr des Glücks, Salomonssiegel als Zeichen der Beständigkeit.

Versöhnung, Glück & Zufriedenheit

Maiglöckchen, Salomonssiegel & Hyazinthen

In der griechischen Mythologie war Hyazinth der schöne Gespiele des Gottes Apoll. Zephir, Gott des Westwindes, war ebenfalls von Hyazinths Reizen angetan, doch seine Liebe blieb unerwidert. Rache war unvermeidlich: Bei einem Wettkampf lenkte eine tückische Windbö den von Apoll geworfenen Diskus gegen Hyazinths Kopf. Wo die Blutstropfen des tödlich getroffenen Geliebten niederfielen, ließ Apoll süß duftende Hyazinthen aufspringen. Mit ihren aufgebogenen Blütenblättern erinnern sie an die Ringellocken des Geliebten und stehen für die Schönheit des Hyazinth und für die ewige Liebe des Apoll.

Von alters her gilt Salomonssiegel als Heilkraut für Schnittwunden, gebrochene Knochen und Prellungen. Der damit verwandte Symbolgehalt eines Heilmittels für Beziehungen war daher wohl unvermeidlich.

Der Hauptwirkstoff des Salomonssiegels, Convallarin, ist auch im Maiglöckchen enthalten. Der Kräuterkundige Gerard sagte, diese Pflanze „erquicke das Herz". Das höchst giftige Maiglöckchen ist jedoch mit Vorsicht zu genießen. Nützlich und schädlich zugleich – da gilt es, die rechte Wahl zu treffen, und so steht das Maiglöckchen für eine gute Entscheidung und die daraus resultierende Wiederkehr des Glücks, ganz besonders in Herzensangelegenheiten.

Maiglöckchen und Salomonssiegel sind optisch wie auch symbolisch ausgesprochen passende Begleiter für die leichter erhältlichen Hyazinthen; die Duftkombination ist absolut köstlich. Eine einfarbige Blütensammlung kann besonders interessant wirken, wenn man das Laub auf ein Minimum reduziert. Hyazinthen halten ohne ihr riemenförmiges Laub sogar länger. Ich arrangiere diese Blumen gern so schlicht wie möglich in getrennten Vasen. Wie die meisten anderen Frühjahrsblüher mit weichen Stielen ziehen sie eine Vase mit Wasser der Steckmasse vor. Ich habe festgestellt, dass Maiglöckchen haltbarer sind, wenn man sie anschneidet und in warmes Wasser stellt, bevor man sie ins Arrangement einfügt.

Maiglöckchen (Convallaria majalis), *Hyazinthen* (Hyacinthus orientalis) *und Salomonssiegel* (Polygonatum multiflorum)

Eine alte arabische Legende berichtet, dass Adam und Eva bei der Vertreibung aus dem Paradies lediglich drei Pflanzen mitnahmen: Feigen, Datteln und Myrten. Sowohl die alten Griechen als auch die Römer verknüpften die Myrte mit Liebe und Heirat, und sie war ihren Liebesgöttinnen Aphrodite bzw. Venus gewidmet. Beide waren Hüterin der Ehe, und viele römische Bräute schmückten ihr Haar mit Myrtenkränzen.

Myrtenkränze sah man auch im alten Griechenland, hier jedoch auf den Köpfen der männlichen Ratsmitglieder, wo sie nicht Heiratsfähigkeit, sondern Kompromissbereitschaft signalisierten – ob nun in Ehefragen oder anderen Angelegenheiten.

Es überrascht nicht, dass die Myrte zum traditionellen Bestandteil des Brautstraußes wurde. Ihre berühmteste Befürworterin war Königin Victoria, die verfügte, dass der Myrtenzweig aus

Myrte & Phlox

Die Myrte ist von alters her Symbol der Liebe und der glücklichen Ehe; der Phlox steht für die vollkommene Übereinstimmung von Herz und Seele – und macht den guten Wunsch für Eheglück perfekt.

ihrem Brautstrauß bewurzelt werden sollte, um für alle Zeiten königliche Bräute mit Brautsträußen zu versorgen. So geschah es dann auch. Die Kirche hatte zunächst gezögert, dieses heidnische Symbol zu akzeptieren. Hilfreich war jedoch der Hinweis, dass die Blätter durchbohrt sind, wie auch Christus am Kreuz – wenn auch kaum sichtbar.

Die Geschichte des Phlox ist mit einem furchtlosen Mann aus Belfast verbunden, Thomas Drummond. Er war Kurator des städtischen botanischen Gartens und brach im Jahr 1831 ganz allein zu einer Forschungsreise durch Nordwestamerika auf. Unbeirrbar sammelte er etliche Pflanzen und überwand die schlimmsten Hindernisse. Unter anderem trotzte er wilden Tieren, einer Cholera-Epidemie auf einem Schiff, qualvollen Geschwüren, einer gelähmten Hand und einem strengen Winter, den er nur überstand, indem er nach und nach seinen Hirschledermantel verzehrte. Er starb 1835 auf Kuba; die letzte Pflanze, die er nach Hause geschickt hatte, war der einjährige Phlox, der nach ihm *Phlox drummondii* genannt wurde. Die Blumensprache erwies diesem unerschrockenen Pflanzenkenner ihre Ehre, indem sie den Phlox für immer mit seiner Unbeirrbarkeit verband.

Würzige Myrte und duftender Phlox geben zusammen Glück verheißende Kerzenhalter für eine Hochzeitsfeier ab. Beginnen Sie mit kurzen Myrtenzweigen, die Sie mit Blumendraht um ein Stück Bambus binden. Lassen Sie die oberen 2–3 cm des Bambusrohrs frei, damit Sie es in die Kerze stecken können. Als Grundplatte dient ein schwerer Teller mit Steckmasse, die mit Kaninchendraht und grünem Klebeband fixiert wurde. Stecken Sie das Bambusrohr mit den Myrtenzweigen in die Steckmasse; fügen Sie ringsum einige längere Myrtenzweige hinzu und drahten Sie diese fest, damit alles schön stabil senkrecht steht. Lassen Sie die Steckmasse unter dicht an dicht gesteckten weißen Phloxblüten verschwinden.

Myrte (Myrtus communis) *und weißer Phlox* (Phlox paniculata)

Versöhnung, Glück & Zufriedenheit

Cattleya-Orchideen

Die Cattleya in diesem Ansteckbukett ist ein Kompliment an reife Schönheit – Schönheit, die nicht einfach älter geworden ist, sondern höchste Vollkommenheit erreicht hat.

Die Cattleya war zu Beginn des neunzehnten Jahrhunderts eine Seltenheit. Sie wurde in England das erste Mal im Jahr 1818 von William Cattley, einem Liebhaber tropischer Pflanzen, gezogen. Doch die von ihm eingeführten ersten Exemplare blühten nur, um kurz danach wieder einzugehen. Nachdem er auf einem Ball in Paris am Dekolletee einer reichen südamerikanischen Erbin eine Cattleya im Anstecksträußchen gesichtet hatte, entdeckte er mehrere Jahre später in Brasilien gesundere Exemplare. Schnell kam die Cattleya in Mode; die Blumensprache nahm sie als Botschafterin reifer Schönheit auf.

Gewiss sind Cattleyen von einer sinnlichen Üppigkeit, die der reiferen Frau besser ansteht als der ganz jungen, doch diese Verbindung rührt gewiss auch von der langjährigen Verknüpfung der Orchidee mit der Sexualität her. Der Name Orchidee geht auf das griechische Wort „orchis", Hoden, zurück, das auf die Form der Wurzeln mancher Arten Bezug nimmt. Dieser schlüpfrige Vergleich und dazu die historische Verwendung gemahlener Orchideenwurzel als Aphrodisiakum wurde nur von all jenen für nicht zu unfein gehalten, die ganz genau „Bescheid" wussten. Ihr Attribut „reif" war vielleicht einfach eine elegante Umschreibung von „Nur für Erwachsene!".

Obgleich alle diese Verknüpfungen auf ein fortgeschrittenes Alter verweisen, darf nicht vergessen werden, dass zur Reife ein verlockender Prozess des Aufblühens gehört – ansonsten wird das Kompliment eventuell weniger freudig entgegengenommen als es gegeben wird.

Die Gelegenheiten, zu denen die Dame ein Anstecksträußchen trägt, sind heute selten geworden, doch als Präsent ist es noch immer bezaubernd. Das Anfertigen eines solchen Buketts ist im Allgemeinen eine Aufgabe für den Fachmann, doch werden wie hier nur eine oder zwei große Blüten verwendet, ist es auch für den begeisterten Laien machbar. Fädeln Sie zunächst Draht in die Blütenstängel und umwickeln und fixieren Sie ihn mit grünem Klebeband. (Blumendraht und Klebeband erhalten Sie im Gartencenter.) Der Draht verstärkt den Stängel und macht ihn biegsam, das Klebeband versiegelt ihn und schützt vor dem Austrocknen. Verzwirbeln Sie die Drähte so, dass die Einzelblüten optimal präsentiert werden. Wickeln Sie das Bukett in feuchtes Papier und bewahren Sie es kühl auf, bis es benötigt wird.

Orchideensträußchen (Cattleya)

Rosafarbene Rosen sind das Symbol für Glücklichsein – für Tage, an denen Sie singen wollen: „Alles ist gut!"

Rosen aller Farben sind beliebte Liebesgrüße, aber langstielige Sorten sind oft schwierig in ein Arrangement zu integrieren. Ich lasse sie am liebsten voll erblühen, um dann die Köpfe abzuschneiden und in einer großen Schüssel schwimmen zu lassen. So wirken wenige teure Exemplare sofort viel eindrucksvoller. Schöne büschelige Gartenrosen wie die hier abgebildeten sind wesentlich einfacher zu arrangieren. Der Schlüssel zum Erfolg ist dabei die Wahl des passenden Gefäßes. Diese ansprechende moderne Schale aus graublauem, fast wie geschmolzen wirkendem Glas steht in wunderbarem Kontrast zu den rosa Blütenblättern.

Rosafarbene Rosen (Rosa *'Cornelia'*)

Rosafarbene Rosen

Das alte persische Wort für Blume – „gul" – bedeutet auch Rose und ist fast gleichlautend mit dem Wort für Geist. Das dürfte kaum überraschen, denn Rosen wurden mit allen menschlichen Emotionen in Verbindung gebracht und haben schon immer die Sinne der Menschen erfreut.

Rosen stehen auch in Verbindung zu körperlichem und seelischem Wohlbefinden. In Arabien wurden sie als Mittel gegen Tuberkulose geführt. Der Kräuterkundige Gerard riet, destilliertes Rosenwasser stärke das Herz, während frische Rosen „durch ihren süßen und angenehmen Duft" den Schlaf förderten. Bis weit ins zwanzigste Jahrhundert hinein verabreichte man Babys Wildrosensirup als Vitamin-C-Lieferant, und Rosenwasser sorgt noch heute für einen frischen Teint.

Rosen sind unverbrüchlich mit einem gesunden, glücklichen und zufriedenen Leben verbunden. Die Nachschlagewerke zur Blumensymbolik benennen speziell die rosafarbene Rose als Zeichen für die beneidenswerte Glückseligkeit eines solchen Lebens. Die Wahl hätte besser nicht sein können. Wenn rote Rosen den erhitzten Tumult ebenso aufregender wie verwirrender Gefühlsstürme spiegeln, dann ähneln rosa Rosen dem zarteren Leuchten rosiger Wangen und dem heiteren Gemüt, welches im Leben und in der Liebe Sicherheit und Frieden gefunden hat.

Versöhnung, Glück & Zufriedenheit

Süß duftende Levkojen wecken angenehme Gedankenverbindungen an immer währende Schönheit und ein Leben im Glück.

Levkojen sind kurzlebige Schnittblumen, was sie zu einem recht ironischen Symbol der Dauerhaftigkeit macht. Sie gehören zur selben Familie wie die Kohlgewächse, und wenn man ihr Wasser nicht häufig wechselt, wird diese Verwandtschaft nur zu offensichtlich. Der Trick beim Arrangieren besteht darin, rasch und einfach vorzugehen. Diese Stiele habe ich ganz natürlich auseinander fallen lassen.

Eine ähnliche Botschaft überbringen Wicken (anhaltende Freuden) oder ein Strauß erblühter Rosen („Du bist wunderschön", siehe Seite 82).

Levkojen (Matthiola 'Cassis')

Levkojen

Begeisterte Gärtner haben im Laufe der Jahre zahlreiche Sorten Levkojen gezüchtet – Ergebnis jahrhundertelanger Hybridisierung und Beweis für die nicht nachlassende Beliebtheit der Blume.

Gemeinsam mit Veilchen tauchen Levkojen in der Überlieferung manchmal als feines Futterkraut für die arme Io auf, jenes unglückselige Mädchen, das Zeus in eine weiße Färse verwandelte. Aber das ist, wie man so schön sagt, eine andere Geschichte (siehe Seite 43), doch sie führte dazu, dass die Römer beide Blumen „Viola" nannten. Auch im deutschsprachigen Raum ist dieser Name in solchen volkstümlichen Bezeichnungen wie „Violetten" und „Feigel" erhalten.

In der mittelalterlichen Dichtung wurden Levkojen grundsätzlich mit immer währender Schönheit und einem Leben im Glück verknüpft. Als vornehme Häuser begannen, sich mit Ziergärten zu schmücken, erfreute sich die Levkoje ungemeiner Beliebtheit. Der Symbolwert der Blume war so hoch, dass die Hausherrin – erpicht darauf, mit dieser symbolischen Bedeutung in Verbindung gebracht zu werden – den Gartenlevkojen die allerbeste Pflege angedeihen ließ; man schätzte sie als äußeres Zeichen dafür, dass im Haus alles stimmte.

Im neunzehnten Jahrhundert schließlich übermittelte man mit Levkojen die Botschaft: „In meinen Augen wirst du immer schön sein" – das perfekte Präsent für ein liebevolles Paar.

Versöhnung, Glück & Zufriedenheit

Hafer, Binsen & Schafgarbe

Hafer als Symbol der Musik, Binsen für Ruhe und Fügsamkeit, Schafgarbenblüten als Medizin für gebrochene Herzen – eine Zusammenstellung, die Shakespeares Aussage untermalt, Musik verbanne „Sorgen und Herzeleid".

Es gibt einen alten englischen Aberglauben, nach dem Hafergarben vor dem Einbringen drei Wochen lang auf dem Feld trocknen müssen, sodass die Kirchenglocken an drei Sonntagen über ihnen läuten können und sie von allem Übel befreien. Passend zu dieser traditionellen Verknüpfung mit dem Geläut setzen die alten Bücher der Blumensprache den Hafer mit der betörenden Wirkung der Musik gleich. Alternativ könnte seine Bedeutung von der weniger heiligen Musik der Taverne abgeleitet sein: Nach altem europäischem Brauch wurde alljährlich eine Haferbraut gekürt, welche die letzte gebundene Garbe ins Dorf trug. Dort, in der Taverne, gab es dann Musik und ein bis zum Morgen andauerndes Trinkgelage.

Binsen waren ebenfalls aus dem einfachen Landleben nicht fortzudenken. Ihr festes, nützliches Mark lässt sich schälen, trocknen und durch Eintauchen in Talg- oder Schmalzreste oder Wachs zu kleinen Leuchten verarbeiten. Diese spendeten in den meisten Bauernhütten bis zur Mitte des neunzehnten Jahrhunderts das einzige Licht; sie brannten mit heller, rauchloser Flamme. Dieses helle Licht brachte der Binse die Verknüpfung mit Erleuchtung, Ruhe und Fügsamkeit ein; die Verwendung als Flechtmaterial für Matten und Sitzpolster ergänzte dazu die Bedeutung der Fügsamkeit.

Auch den Nutzen der Schafgarbe kannte jedes Landkind nur zu gut. Einer ihrer volkstümlichen Namen ist Blut- oder Wundkraut, denn mit den zerdrückten Blättern lassen sich Blutungen stillen. Der botanische Name *Achillea* leitet sich von dem griechischen Sagenhelden Achilles ab, der mit dem Kraut seine verwundeten Krieger heilte. Auch während des amerikanischen Bürgerkrieges war es häufig die einzig verfügbare Medizin, was zur Folge hatte, dass die Pflanze außerdem mit dem Kampf verbunden wurde. Aufgrund ihrer zu jener Zeit geradezu wundersamen lebensrettenden Wirkung betrachtete man sie schließlich auch als Mittel, mit dem sich das Leid trauernder Hinterbliebener verhindern ließ.

Binsen und Getreidehafer sind nicht unbedingt Pflanzen für den Ziergarten oder den Floristen, doch manchmal gibt es wilden Hafer zu kaufen, weshalb ich so frei war, ihn hier zu verwenden. Er ist ein schönes, aber hartnäckiges Ackerunkraut, das die meisten Landbesitzer lieber nicht sähen; dennoch sollten Sie vor dem Pflücken um Erlaubnis bitten. Dasselbe gilt für Binsen, die gern wild im feuchten Schatten in der Nähe von Wasser wachsen. Schafgarbe hingegen gibt es in vielerlei Farben und Zuchtformen sowohl als Schnittblume als auch als Gartenstaude. Beim Arrangieren solcher Wildblumen kommt es darauf an, sich nicht zu sehr zu bemühen, sonst ist die Wirkung künstlich und gezwungen.

Musik kann man auch mit einem Bündel Schilfrohr darstellen, während Olivenzweige für Frieden stehen.

Flug-Hafer (Avena fatua), *Flatter-Binsen* (Juncus effusus) *und Schafgarbe* (Achillea millefolium)

Dieses Arrangement ist eine lässig interpretierte Variante des klassischen Blumenporträts. Die Stiele von Ritterstern und Kaiserkrone sind für Steckmasse zu weich. Der hohe, schwere Keramikkübel stellt ein gutes Gegengewicht zu den schweren Blüten her. Zunächst habe ich Birkenzweige zu einem Gerüst gesteckt und dieses dann mit einem Unterbau aus Magnolienlaub ergänzt. Dessen braunfilzige Unterseite ist wirklich sehenswert; drehen Sie die Blätter so, dass sie optimal zur Geltung kommen. Erst wenn Sie mit diesem Blattgerüst ganz und gar zufrieden sind, sollten Sie die fleischigen, verletzlichen Blüten von Rittersporn und Kaiserkronen hinzufügen. Ich habe die Blüten in diesem Arrangement bewusst zu Gruppen geordnet, um eine moderne Wirkung zu erzielen.

Kaiserkronen (Fritillaria imperialis), *Ritterstern* (Hippeastrum), *Immergrüne Magnolie* (Magnolia grandiflora) *und Birkenlaub* (Betula pendula)

Versöhnung, Glück & Zufriedenheit

Kaiserkronen, Ritterstern, Magnolie & Birke

Die Kaiserkrone erhielt ihren Namen vom Großherzog der Toskana, und so war ihr auf immer die Zugehörigkeit zur Welt des Adels gesichert. Ihre Heimat liegt im westlichen Himalaja; als sie im Jahr 1576 in Venedig eintraf, war sie gleich ein großer Erfolg und ein Muss für den beim europäischen Adel gerade so beliebten Ziergarten.

Nach der Legende wiesen die Blüten der Kaiserkrone ursprünglich nach oben; als jedoch der Herrgott bemerkte, wie eingebildet und arrogant die Blume geworden war, drehte er die Blüten nach unten zur Erde. Dabei blieb es bis heute, und es heißt, ihre reichlich hervorquellenden Nektartropfen seien Tränen der Scham. Man könnte eigentlich meinen, Gott habe die Pflanze mit ihrem eigentümlichen, vollkommen unaristokratischen Geruch bereits genug gestraft.

Der Ritterstern ist ebenfalls eine vornehme Blume mit einem eigenen Problem: Allgemein wird sie immer noch „Amaryllis" genannt, was ursprünglich der Name einer gewöhnlichen Schäferin war. Die Blume wurde Mitte des achtzehnten Jahrhunderts in den Anden entdeckt und im Triumph nach Europa gebracht. Heute hat sie ihre alte Heimat komplett aufgegeben und führt ein verwöhntes Dasein in den Gewächshäusern der Niederlande, wo sie zu Millionen herangezogen wird, um den Schnittblumenmarkt zu versorgen.

Die Immergrüne Magnolie *(Magnolia grandiflora)* hat ein gutes Recht auf fürstliche Behandlung, denn schließlich existiert sie seit den Tagen des Tyrannosaurus rex. Sie war eine der ersten Pflanzen, die Insekten zur Bestäubung heranzogen.

Im Vergleich zu dieser edlen Versammlung zählt die Birke zum niederen Fußvolk. Bei keltischen und mittelalterlichen Dichtern jedoch war sie ein beliebter Baum, und sie besangen ihre silbrige Anmut und Sanftmut. Sie gedeiht einfach überall – ein Zug, der sie bei Förstern nicht unbedingt beliebt macht, uns jedoch daran erinnert, uns selbst nicht so wichtig zu nehmen.

Die Kaiserkrone ist Symbol für Macht und Stolz, Ritterstern steht neben Stolz auch für herrliche Schönheit, die Magnolie ist stolz und einzigartig, die schlichte Birke fügt die notwendige Milde und Anmut hinzu – Blumen für eine Erfolgsgeschichte.

Nostalgie

Ermutigung

Trost

Nachsinnen

Tugend

Respekt

Tiefes Bedauern

Anteilnahme

Verlust

Vertrauen

Abschied

Gedenken, Bedauern & Abschied

Gedenken, Bedauern & Abschied

Passionsblumen, Schneeball & Petersilie

Passionsblumen symbolisieren Glauben und Spiritualität, Schneeball lässt an Winter, das Alter und das Jenseits denken, und Petersilie fügt bleibende Freuden hinzu – Blumen für die Momente der Leichtigkeit.

Die Passionsblume wurde während der spanischen Eroberung Südamerikas entdeckt. Der außergewöhnliche Aufbau der Blüte erschien den Spaniern wie eine naturgeschaffene Darstellung der Leiden Christi am Kreuz: Die fünf Staubblätter, die auf die fünf Wundmale zu verweisen scheinen, die nagelförmigen Stempel und peitschenförmigen Ranken machten sie in ihren Augen zu einem göttlichen Sinnbild. Zu ihrer Schande interpretierten die Spanier die Passionsblume als Zeichen des göttlichen Auftrags ihrer Schreckensherrschaft über die friedliche Inka-Nation.

Etwa um 1568 wurden Passionsblumen auch vor Papst Pius V. gebracht, der sie zu einem Wunder erklärte. Von nun an erschien die Blume in den Kirchen Europas immer häufiger in Holzschnitzereien und auf bestickten Textilien. Sie ist ein Symbol für die leidenschaftliche Religiosität und die christlichen Anschauungen eines ganzen Zeitalters.

Die Geschichte des Schneeballs ist ebenfalls in einer Zeit des Glaubens und der Wunder angesiedelt. Eine Legende erzählt von einem Mädchen, das nach seinem Tod als Geist umherirrte, bis ihm ein Engel erschien und anbot, es in eine Blume zu verwandeln. Es bat darum, ein Schneeballstrauch zu werden, der zu jener Zeit im Winter blühte. Der Engel entsprach ihrem Wunsch und konnte den Schneeball überreden, im Mai zu blühen. Jetzt blüht er zu Pfingsten, einer Zeit, die die Ausgießung des Heiligen Geistes und Christi Himmelfahrt feiert – eine wahre Fülle jenseitiger Gedanken. Der erdverbundene Name Schneeball unterstreicht dazu die Wintersymbolik.

Die Griechen schmückten Gräber mit Petersilie, die der Persephone, der Göttin der Unterwelt, heilig war. Die Pflanze wurde aber auch vor wichtigen Wettkämpfen Athleten und Pferden dargereicht, um ihnen zu Ausdauer zu verhelfen. Petersilie ist seit Römerzeiten ein wichtiges Heilkraut; sie verlängert und steigert die Lebenslust – nicht zuletzt aufgrund ihrer guten Wirkung gegen Mundgeruch.

Der Schneeball trägt wunderbar dekorative mandelgrüne Blütenbälle und ist in einer Kulturform mit langen, geraden Ästen im Handel. Gartenvarianten sind gedrungener, aber genauso schön. Über die eine Seite dieses stark verengten Kruges neigen sich Schneeballzweige aus dem Garten; als Gegengewicht schlängelt sich auf der anderen Seite eine Passionsblumenranke. Eine solche Schleppe kann man ohne Nachteil für die Pflanze abschneiden. Diese Ranke hielt bei mir fast einen Monat lang in der Vase; mehrere Knospen öffneten sich, nachdem die ersten Blüten verwelkt waren.

Zum Schluss habe ich die Petersilie mitten in den Strauß geschoben – Kräuter sind schließlich nicht für die Küche reserviert!

Passionsblumen (Passiflora caerulea), *Schneeball* (Viburnum opulus *'Roseum'*) *und Petersilie* (Petroselinum crispum)

Gedenken, Bedauern & Abschied

Flieder hat mehrere ähnliche Bedeutungen, deren Liste noch länger wird, wenn man die Variationen für violetten und weißen Flieder hinzuzählt. Typisch für weißen Flieder sind die Bedeutungen „Jugend" und „Jugenderinnerungen"; einige ältere Bücher zur Blumensprache nennen sogar „Kindermund tut Wahrheit kund". Da Flieder früh im Jahr blüht, ist die Metapher der Jugend nur logisch; der leicht wehmütige und nostalgische Aspekt hat dagegen einige andere mögliche Ursachen. Die erste davon ist die wenig bekannte Tatsache, dass der Rauch von Fliederholz den süßen Duft der Blüte in sich trägt – Erinnerungen an Jugendjahre in verkohlendem, totem Holz.

Eine etwas weniger schwermütige Verbindung zwischen Flieder und alten Erinnerungen könnte von der Sitte der ersten amerikanischen Pioniere herrühren, Flieder vor das Haus zu pflanzen, um inmitten der endlosen Wildnis den zivilisierten Flecken anzuzeigen, an dem sie sich mühsam durchschlugen. Flieder ist zäh; nach dem Absägen treibt er selbst aus alten Wurzeln wieder aus. Die alten Farmhäuser sind längst verschwunden, doch den Flieder findet man dort noch immer – Erinnerungen an eine Zeit voll jugendlichem Optimismus und Energie.

Sie können es sich aussuchen: In beiden Fällen ist der weiße Flieder eng mit der Erinnerung an unschuldige Jugendjahre verbunden; er ist eine ausgezeichnete Wahl, wenn man die Gedanken auf vergangene glückliche Zeiten lenken will.

Weißer Flieder

Weißer Flieder ist Symbol der Jugenderinnerungen und der kindlichen Unschuld längst vergangener Tage.

Es ist sehr sinnvoll zu wissen, wie Flieder zu behandeln ist. Man kann ihn fast das ganze Jahr an gespenstischen, langen kahlen Zweigen kaufen, die im Gewächshaus gezogen werden. Flieder hält am besten, wenn man die unteren 3 cm der holzigen Stiele leicht mit dem Hammer weich klopft und ihn dann in reichlich frisches Wasser stellt. Beginnen die Blüten vorzeitig zu hängen, schneiden Sie die Enden neu an und halten Sie sie einige Zentimeter tief in kochendes Wasser. Lassen Sie es abkühlen, bevor Sie den Flieder in einer Vase arrangieren.

Eine viel zu kurze Zeit nur im Frühjahr erhält man auch Gartenflieder in köstlichen, reich verzweigten Sträußen. Damit diese möglichst lange halten, müssen Sie sämtliches Laub entfernen und dann die Enden weich klopfen oder ankochen, je nachdem. Wenn Sie die Blätter nicht entfernen, gibt der Gartenflieder einfach auf – er ist nicht in der Lage, in der Vase sowohl Blätter als auch Blüten zu versorgen. Am besten wirkt er, wenn Sie wie hier kurze Zweige genauso großzügig arrangieren, wie er wächst.

Weißer Flieder (Syringa vulgaris)

Zur Blütezeit der Blumensprache wurden Botschaften oftmals über einen solchen formal gebundenen Strauß vermittelt, den wir heute als Biedermeierstrauß bezeichnen. Er ist nicht schwer zu binden; es kommt lediglich darauf an, dass Sie sämtliche „Zutaten" vorbereiten, bevor Sie beginnen. Legen Sie die Blütenstiele nach Sorten getrennt auf einem Tisch aus. Beginnen Sie mit einer Blume für die Mitte und fügen Sie reihenweise eine Sorte nach der anderen hinzu, bis Sie eine gewölbte Kreisform aufgebaut haben. Unterschätzen Sie dabei nicht die benötigte Menge, besonders, wenn Sie, wie ich hier, kleinblütige Blumen verwenden.

Glattblatt-Astern (Aster novi-belgii *in Sorten*), *Himbeeren* (Rubus idaeus), *violettes Eisenkraut* (Verbena bonariensis *und* Verbena x hybrida 'Derby Series') *und Lorbeer* (Laurus nobilis)

Herbstastern, Himbeeren, violettes Eisenkraut & Lorbeer

Dieses exquisite Sträußchen drückt tief empfundenes Beileid aus. Es besteht aus vier interessanten Blumenpersönlichkeiten; den Anfang macht die Herbstaster, die zum Sommerausklang blüht – Zeichen der scheidenden Jahreszeit und ebenso für den Abschied oder die Wehmut.

Eine Nymphe namens Ida stach sich einst in den Finger, als sie Himbeeren pflückte. Der botanische Name *Rubus idaeus* erinnert noch heute an sie, doch leider können wir nicht sagen, wer das tiefe Bedauern empfindet – ob Ida, der Himbeerstrauch oder wir selbst.

Der botanische Name des Eisenkrauts *Verbena* rührt von einem lateinischen Oberbegriff für Pflanzen her, die bei Opferriten und Kulthandlungen verwendet wurden. Die Bindung zu Tränen ergibt sich wahrscheinlich aus der Legende, Eisenkraut sei am Berg Golgatha, unter dem Kreuz Christi, zu finden gewesen – hier wird die Verknüpfung mit Opferriten auch wieder sichtbar.

Der Lorbeer führt uns zurück ins alte Griechenland, wo Apollo eine junge Nymphe, Daphne, arg bedrängte. Im Davonlaufen rief sie die Götter um Hilfe an, und diese verwandelten sie in einen Lorbeerbaum. Apollo flocht sich einen Lorbeerkranz und bestimmte, von nun an solle jeder, der etwas Schönes erschafft, zum Lohn einen Kranz von Daphnes Laub empfangen.

Herbstastern künden einen Abschied an, Himbeeren vermitteln tiefes Bedauern, violettes Eisenkraut bringt die liebevolle Botschaft „Ich weine mit dir", und der Lorbeersaum ist eine symbolische Ehrenbezeugung.

Gedenken, Bedauern & Abschied

Zinnien

Bunte Zinnien sind „Gedanken an ferne Freunde", ein melodramatischeres „Ich leide, weil du nicht da bist" oder ein schlichtes „Ich vermisse dich".

Die Zinnie stammt aus Mexiko, wo sie „mal de ojos" (wörtlich „böser Blick") genannt wurde; offenbar wurde in ihr keine Schönheit gesehen. Vielleicht war es gerade dieser Name, der Mitte des achtzehnten Jahrhunderts die Aufmerksamkeit des deutschen Anatomen und Botanikers Johann Gottfried Zinn erregte. Zinns Beschreibung der Anatomie des Auges hat bis heute Gültigkeit; als Erster beschrieb er auch die Zinnie. Glück scheint sie ihm jedoch nicht gebracht zu haben, denn Zinn verstarb im Alter von gerade 32 Jahren unerwartet an Schwindsucht.

Die ersten Zinnien wurden von der Gattin des Britischen Gesandten in Madrid gezogen und gediehen so gut, dass sie einige an ihren Schwiegervater John Stuart Bute, den Direktor des Botanischen Gartens von Kew, in London, sandte. Erneut brachte die Blume kein Glück: Nicht lange danach stürzte Bute zu Tode, als er sich an einer Klippe nach einer seltenen Pflanze streckte.

So verwundert es nicht, dass die reizlose mexikanische Zinnie zum blumigen Erinnerungszeichen abwesender Freunde in nah und fern wurde. Bis heute hat sich diese Bedeutung erhalten; die Zinnie jedoch ist inzwischen wie verwandelt: Nach eifriger Hybridisierung während des zwanzigsten Jahrhunderts ist sie eine unerwartet hübsche Erinnerung an Freunde.

Lassen Sie sich von der scheinbar mörderischen Vergangenheit der Zinnie nicht abschrecken – zum Verschenken und für den eigenen Tisch sind sie ganz bezaubernd. Manche Farben haben eigene Bedeutungen: Weiß steht für Güte, Scharlachrot für Beständigkeit, Gelb für tägliches Andenken. Bunt gemischte Farben stehen für Gedanken an ferne Freunde.

Zinnien sind einfache Blumen. Ich arrangiere sie gern in großen Mengen in einer bunten Porzellanschüssel oder in kleinen Glasvasen. Manchmal werden sie als Topfpflanze angeboten, die man in lustiger Reihe den Tisch entlang marschieren lassen kann.

Zinnien (Zinnia elegans)

Ein Haarkranz aus Rosen, für den die Blüten einzeln gedrahtet und dann an einem dünnen Reif befestigt werden, ist schon lange ein beliebter Brautschmuck. Vielseitiger einsetzbar ist gewiss dieser andere Rosenkranz mit starkem Symbolcharakter. Dabei handelt es sich um ähnliche, aber leicht unterschiedliche Whiskygläser, die einfach nur mit Wasser und Rosen gefüllt und zum Kreis aufgestellt wurden. Voilà – ein unaufwändiger Rosenkranz als Tischschmuck für ein Abschiedsessen oder ein Mahl zu Ehren eines allseits vermissten alten Freundes. Unvergleichlich elegant wären Rosen von einer einzigen Sorte in versilberten Bechern, die man zu zwei konzentrischen Kreisen aufstellt.

Rosen (Rosa 'Evelyn', 'Tower Bridge', 'Saint Cecilia' und 'Albertine')

Die zarte Schönheit eine Kranzes voll erblühter Rosen symbolisiert den Lohn der Tugend – ein duftendes „Du warst vorbildlich".

Ein Kranz aus Rosen

Die lange Vergangenheit der Rose ist mit Bezügen zu Schönheit, Liebe und Tugend gespickt. Eine jüdische Legende weiß zu berichten, dass die Rose während des Kampfes zwischen Gut und Böse vom ersten auf Erden vergossenen Blut ihre Farbe erhielt, als die tugendhaften Gefallenen auf ein Feld voller Rosen gebettet wurden. Die Römer schmückten nicht nur ihre berüchtigten zügellosen Feste mit Rosenkränzen und -girlanden, sondern auch junge Männer, wenn diese erstmals in den Krieg zogen.

Die wüste heidnische Vergangenheit der Rose machte es der christlichen Kirche schwer, die Blume zu akzeptieren. Doch ihre Beliebtheit hatte unübersehbare Vorteile, und schließlich wurde sie als Beiname der Jungfrau Maria akzeptiert – als „Rosa Mystica". Mit dem Rosenkranz als symbolischer Kette der Marienanrufung verstärkte sich das Band zwischen der Rose und der Tugendhaftigkeit. Der Blume, die die ausschweifenden Exzesse des Römischen Reiches verkörperte, hatte man das Mäntelchen der Ehrbarkeit, Reinheit und Tugend umgehängt. Seitdem zeigt ein Kranz aus Rosen im Gedicht, Lied oder Gemälde vorbildliche Tugendhaftigkeit an.

Gedenken, Bedauern & Abschied

Eine flaschenförmige Vase ist ideal für dieses Arrangement, da die Blumen darin schön fest stehen. Ich habe den Rosmarin und den Storchschnabel als Erste angeordnet, um nicht die zarten Wickenblüten zu zerdrücken. Mit helleren Wicken können Sie eine optimistischere Botschaft übermitteln, welche die Möglichkeit eines Wiedersehens andeutet.

Auf den vorhergehenden Seiten habe ich Wicken in kleinen Glasphiolen nebeneinander gestellt. Mit so einer Reihung kann man wenigen Stielen zu großer Wirkung verhelfen.

Rechts: Wicken (Lathyrus odoratus *'Juventis'*), *Rosmarin* (Rosmarinus officinalis) *und Brauner Storchschnabel* (Geranium phaeum)
Vorangehende Doppelseite: Wicken (Lathyrus odoratus *'Bicolor', 'Deep Purple' und 'Paintbrush Lavender'*)

Wicken, Rosmarin & Brauner Storchschnabel

Wicken sind Freude pur: gerüscht, überbordend, süß duftend. Während des neunzehnten Jahrhunderts hat man sie wieder und wieder gekreuzt, um immer größere Blüten in einer zunehmend schockierenden Farbenvielfalt hervorzubringen. Die Überfülle von Blüten an einem einzigen schlanken Stiel machte sie zu einem beliebten Abschiedsgruß an Freunde und Familie – eine treffliche Erklärung, wie sie zu ihrer Bedeutung in der Blumensprache gekommen sein könnten.

Die kleinen schwarzvioletten Blüten des Braunen Storchschnabels haben sicherlich seine traurige Bedeutung der Melancholie angeregt (im Englischen heißt er wegen der Blütenform auch „Trauernde Witwe"). Der ebenfalls düstere Symbolgehalt des Rosmarins ist, das Andenken zu bewahren. Schon lange ist bekannt, dass diese Pflanze eine stark durchblutungsfördernde Wirkung hat. Im alten Griechenland setzten sich Wissenschaftler Rosmarinkränze auf den Kopf, um die Blutzufuhr zum Gehirn und damit das Gedächtnis zu fördern.

Das Andenken ist mit Abschied und Tod verknüpft, doch es gibt auch freudigere Verbindungen. Als Geschenk der Aphrodite war Rosmarin mit der fröhlichen Seite des Lebens verknüpft: mit Herzensdingen, Heirat, Schönheit und sogar Verjüngung.

Wicken bedeuten Abschied, der Braune Storchschnabel ist Symbol der Melancholie, und Rosmarin verspricht, das Andenken zu bewahren.

Mohn

Mohnblumen vermitteln Trost,
sie symbolisieren das Versinken im Vergessen von Leid.
Roter Mohn steht außerdem für das Gedenken.

Schlafmohn (*Papaver somniferum*) stammt ursprünglich wahrscheinlich aus Griechenland, wo die Blume dem Hypnos und dem Morpheus gewidmet war, den Göttern des Schlafes und des Traums. Diese Verbindung mit dem Zustand der Bewusstlosigkeit rührt natürlich von der betäubenden Wirkung des Opiums her, das aus dem Milchsaft des Mohns hergestellt wird. Das Narkotikum wurde zur Linderung von Schmerzen und von Trauer, ja sogar als Schlafmittel eingesetzt, wenn jemand körperlich oder seelisch litt.

Die Römer waren begeisterte Anhänger des Mohns, vielleicht sogar des Opiums. Sie führten ihn in andere Länder ein, wo er den Einwohnern, die ihn anbauten, finanziellen Trost brachte.

Heute verstößt es in einigen Ländern gegen das Gesetz, Schlafmohn im Garten zu ziehen. Doch inzwischen werden auch die Arten ohne Opium, einschließlich des Klatschmohns (*Papaver rhoeas*), mit Trost, Vergessen und – beim weißen Mohn – unschuldigem Schlaf assoziiert.

Für den Blumenmarkt werden Mohnblumen vorbehandelt, um langlebiger zu sein. Die Haltbarkeit selbst gezogener Blumen können Sie verlängern, indem Sie den angeschnittenen Stiel mehrere Sekunden lang mit einer Flamme versiegeln. Stellen Sie Mohn einmal in eine schlanke Vase, die seine gewundenen Stiele ebenso zur Geltung bringt wie seine Blüten. Mit Rosmarin gebundener Mohn ist eine mitfühlende Gabe für trauernde Hinterbliebene.

Schlafmohn (Papaver somniferum *'Black Beauty'*)

Glossar

Blumen und ihre Bedeutungen

Ahorn Reserviertheit
Akazie heimliche Liebe; Freundschaft
Akelei *(Aquilegia)* Eigensinn; Narretei 56
Aloe Aberglaube; Trauer
Alpenveilchen Zaghaftigkeit; Resignation
Amaryllis *(Amaryllis belladonna)* Schön, doch scheu oder still
Ananas „Du bist perfekt"
Anemone *(A. blanda, A. nemorosa)* Vorfreude; Erwartung
Anemone, Herbst- *(A. × hybrida)* Verlassen
Anemone, Kronen- *(Anemone coronaria)* Abschiedsschmerz; Verlassenwerden; Vergänglichkeit der Liebe 108
Apfel Versuchung
Apfelblüten Reue 118
Aurikel Malerei 53
Aurikel, scharlachrote Habsucht
Azalee Romanze; chinesisches Symbol der erwachsenen Frau

Bärenklau *(Acanthus)* Schöne Künste; Geschick
Bartnelke Wunsch zu gefallen 33
Basilikum gute Wünsche; Glück 20
Begonie „Sieh dich vor!"
Binsen, Flatter- *(Juncus effusus)* Ruhe und Fügsamkeit 130
Birke Anmut; Sanftmut 133

Birnbaum Wohlbehagen
Birne Zuneigung 58
Borretsch Unverblümtheit; Grobheit
Brennnessel Grausamkeit 112
Brombeere Schwierigkeiten; Leiden 112
Buche Stelldichein; Wohlstand 94
Buchs treue Freundschaft; Gelassenheit 53
Buschmalve *(Lavatera)* Sanftmut

Christrose *(Helleborus niger)* Beruhigen; „Du nimmst mir die Sorge"
Chrysantheme, Garten- „Du bist ein guter Freund"
Chrysantheme, gelbe verschmähte Liebe
Chrysantheme, weiße Wahrheit
Chrysantheme, rosarote verliebt

Dachwurz *(Sempervivum)* sparsames Wirtschaften
Dahlie guter Geschmack; Eleganz 62
Distel Strenge
Drachenwurz *(Dracunculus)* „Achtung Fallstrick!"
Dreizipfellilie, Gewellte *(Trillium undulatum)* bescheidene Schönheit
Dreizipfellilie, Große *(Trillium grandiflorum)* Enthusiasmus

Edelweiß vornehmer Mut; Kühnheit
Efeu Beständigkeit; Heirat
Efeublatt Freundschaft
Efeuranke Heirat

Ehrenpreis *(Veronica)* Treue der Frau
Eibe Trauer; Buße
Eiche Stärke; Mut 62
Eichenlaub Tapferkeit und Menschlichkeit 62
Eichenzweig Gastfreundschaft 62
Eisenhut *(Aconitum)* „Vorsicht Feind!"
Eisenhut *(Aconitum)* Menschenhass; Betrug
Eisenkraut *(Verbena)* Feingefühl, Empfindsamkeit
Eisenkraut, rosa Familienzusammenhalt
Eisenkraut, violettes Bedauern; „Ich weine mit dir" 142
Eisenkraut, weißes „Bete für mich"
Eiskraut *(Mesembryanthemum)* „Dein Anblick lässt mich erstarren"
Engelwurz *(Angelica)* Inspiration 24
Enzian Integrität
Erdbeere, Wald- guter Wille 33
Esche Erhabenheit
Eselsdistel Vergeltung
Espe Wehklage
Eukalyptus Schutz

Farn Faszination 78
Feige Langlebigkeit; Streit
Feigenbaum Fruchtbarkeit
Fenchel Gewalt; Kraft; lobenswert
Fichte Abschied; Hoffnung
Fingerhut Unaufrichtigkeit; Eigennutz 98
Fingerkraut *(Potentilla)* geliebtes Kind
Fingerkraut, Gänse- *(Potentilla anserina)* Naivität 34

Glossar

Flechte Niedergeschlagenheit; Einsamkeit 118
Flieder, violetter erste Liebe; erste Liebesregungen 44
Flieder, weißer Erinnerungen an Jugend und kindliche Unschuld 141
Fliegenfalle siehe **Insekten fressende Pflanzen**
Föhre Zeit
Forsythie Vorfreude; Erwartung 20
Frauenhaarfarn Diskretion; heimliche Liebe
Fuchsie guter Geschmack; demütige Liebe
Fuchsie, scharlachrote Geschmack

Gänseblümchen Unschuld, Schlichtheit 37
Gardenie Ankündigung einer Ekstase; „Ich bin überglücklich!" 72
Geißblatt hingebungsvolle Liebe; Treue; brüderliche Liebe
Geranie, Efeu- „Der nächste Tanz gehört mir!"
Geranie, Eichblatt- wahre Freundschaft
Geranie, rosa „Du bist mir lieber!"
Geranie, rote Geborgenheit 20
Geranie, Zitronen- unerwartetes Zusammentreffen
Getreide Reichtum
Ginster Bescheidenheit; Ordentlichkeit
Gladiole gut gewappnet
Glockenblume (Campanula) Beständigkeit; Bescheidenheit; Dankbarkeit 12
Glockenblume, kleine weiße Dankbarkeit 12
Glockenblume, Marien- (Campanula. medium) Dankbarkeit; Anerkennung 12
Glockenblume, rundblättrige Trauer; Ruhestand
Glockenrebe (Cobaea scandens) Klatsch
Gloxinie Liebe auf den ersten Blick
Goldlack Treue, die allen Widrigkeiten trotzt 101
Goldregen tiefsinnige Schönheit
Goldrute Ermunterung
Granatapfel Torheit; Dünkel; Stolz
Gras Fleiß; Erfolg; Durchhaltevermögen 24
Gras, Zitter- Erregung; Unruhe

Hafer Wirkung der Musik; Musik 130
Hahnenfuß Heiterkeit; Spaß; Reichtum 16
Hahnenkamm (Celosia) Albernheiten; Gehabe
Hanf Schicksal
Hartriegel, blühender (Cornus) „Ich bin dir gleichgültig"
Hasel Versöhnung
Hasenglöckchen Beständigkeit; Bescheidenheit 34
Heide Glück; Schutz
Herbstaster Wehmut; Abschied 142
Herbstlaub Melancholie
Herzkelch (Eucharis) mädchenhafter Charme 70
Hibiskus zarte Schönheit
Himbeere tiefes Bedauern 142

Holunder Mitleid; Eifer
Hopfen Ungerechtigkeit
Hortensie Herzlosigkeit; Angeberei; Eitelkeit; Frigidität 96
Hyazinthe Beständigkeit; Eifersucht; Kurzweil; unbeirrbare Liebe
Hyazinthe, blaue Beständigkeit
Hyazinthe, violette Trauer; „Vergib mir bitte!"
Hyazinthe, weiße Schönheit und Beständigkeit 121

Immergrün, blaues Erinnerung an Jugendfreunde 65
Insekten fressende Pflanzen „Erwischt!"; Betrug 88
Iris gute Nachricht 14

Jakobsleiter „Steig zu mir herab!"
Jasmin, gelber Anmut und Eleganz
Jasmin, weißer Liebenswürdigkeit; Freundlichkeit 58
Johannisbeere, blühende „Dein Stirnrunzeln ist mein Tod"
Johannisbeertraube „Dich mag einfach jeder!"
Johanniskraut (Hypericum) Aberglaube; Feindseligkeit
Jonquille „Erwidere bitte meine Zuneigung!"
Judasbaum (Cercis) Verrat
Jungfer-im-Grünen (Nigella) „Du verwirrst mich"; Ratlosigkeit

Kaiserkrone (Fritillaria imperialis) Erhabenheit; Macht; Stolz 133
Kaktus Wärme; Ausdauer
Kalla (Zantedeschia) weibliche Reize; zerbrechliche Schönheit 78
Kamelie, dunkelrote „Du bist die Flamme meines Herzens"; unprätentiöse Vortrefflichkeit 85
Kamelie, rosa Bewunderung; „Ich sehne mich nach dir"
Kamelie, weiße vollendete Lieblichkeit; „Du bist anbetungswürdig" 84
Kastanie „Lass mir Gerechtigkeit widerfahren!"
Kerbel Ernsthaftigkeit
Kirschblüten schöner Geist
Kirsche, Winter- Täuschung
Klee, vierblättriger „Sei mein!"
Klee, weißer „Denk an mich!"
Kleeblatt Fröhlichkeit; Glück 16
Knoblauch Mut; Stärke
Knospe Unberührtheit
Kohl Gewinn
Königskerze (Verbascum) gutmütig
Kopfsalat Kaltherzigkeit
Kornblume Zartheit; Kultiviertheit
Kranzschlinge (Stephanotis) „Komm zu mir!"; Eheglück; Reisen 72
Kresse Festigkeit; Stärke
Krokus Fröhlichkeit; kindliche Freude

Küchenschelle „Du hast keinerlei Anspruch"
Kürbis Derbheit; Habgier

Lärche Kühnheit; Übermut 65
Lavendel Misstrauen; Trotz
Lenzrose Skandal; Verleumdung 94
Levkoje immer während Schönheit; glückliches Leben; „In meinen Augen wirst du immer schön sein" 129
Lichtnelke (Lychnis) religiöser Eifer
Liguster Verbot
Lilie, gelbe Fröhlichkeit; Falschheit
Lilie, orange Hass
Lilie, weiße Reinheit; Unschuld; Schlichtheit 30
Linde Heirat
Lindenbaum oder -zweig Eheglück
Lindenblatt (Tilia) Heirat
Lobelie Feindseligkeit
Lorbeerblatt „Ich ändere mich erst im Tod"
Lorbeerkranz Ehre 142
Lotosblume Entfremdung
Lotospflanze Redegewandtheit
Löwenmäulchen Anmaßung; „Nein, niemals!"
Löwenzahn Koketterie; Wünsche werden wahr
Lungenkraut „Du bist mein Leben"
Lupine Niedergeschlagenheit; Fantasie

Mädesüß Nützlichkeit
Magnolie Liebe zur Natur; Adel
Magnolie, Immergrüne stolz und einzigartig 133
Maiglöckchen Wiederkehr des Glücks 121
Majoran Erröten 65
Malve, Moschus- gut, lieb und freundlich
Mandelblüte Hoffnung
Margerite Unschuld und Schönheit; Schlichtheit 37
Margerite, gefüllte Teilnahme
Mauerpfeffer (Sedum) Gelassenheit
Maulbeere, Schwarze „Dein Tod wird mein Tod sein"
Maulbeere, Weiße Weisheit
Milchstern (Ornithogalum) Versöhnung; Reinheit; Anleitung
Mimose Feingefühl; Bescheidenheit
Minze Tugend (siehe auch **Pfefferminze** und **Grüne Minze**)
Minze, Grüne gastliche Wärme
Minze, Pfeffer- Herzlichkeit; Wärme 62
Mistel „Mir ist kein Hindernis zu groß"
Mohn Trost; Vergessen der Trauer 153
Mohn, roter Gedenken
Mohn, weißer Schlaf
Moos Mutterliebe 12
Muschelblume (Moluccella laevis) Glück 19
Mutterkraut Schutz
Myrte Liebe; Eheglück 122

Glossar

Nachthyazinthe *(Polianthes tuberosa)* riskante Vergnügungen 112
Nachtkerze *(Oenothera)* Wankelmut
Nachtviole Rivalität
Narzisse Selbstbezogenheit; Eitelkeit; Eigenliebe 111
Nelke „Beeile dich!"
Nelke, dunkelrote Leidenschaft; Herzeleid
Nelke, gelbe „Du hast mich enttäuscht!"
Nelke, mehrfarbige Zurückweisung
Nelke, rosa „Ich werde dich nie vergessen!"
Nelke, rote Garten- reine, feurige Liebe; „Ja!"
Nelke, violette eigensinnig; neckisch
Nelke, weiße „Du bist schön"; talentiert
Nelken, bunt gemischte Stolz und Schönheit; Gesundheit und Energie

Oleander „Vorsicht!"
Olive Frieden; Weisheit
Orangen(baum) Großzügigkeit; Jungfräulichkeit
Orangenblüten Reinheit, die der Schönheit gleicht
Orchidee *(Cattleya)* reife Schönheit 125
Orchidee *(Paphiopedilum)* eigensinnige Schönheit 101
Orchidee schöne Frau; Schönheit
Orchidee, Schmetterlings- *(Phalaenopsis)* Fröhlichkeit
Oregano Entbindung 19
Osterglocke unerwiderte Liebe; Ritterlichkeit

Palme Sieg und Erfolg
Pappel, Schwarz- Mut
Paradiesvogelblume *(Strelitzia)* Herrlichkeit
Passionsblume Glaube; Spiritualität 138
Petersilie Feier 138
Petunie Groll; Ärger
Pfaffenhütchen „Dein Bild ist in mein Herz gebrannt"
Pfingstrose Schüchternheit; Ergebenheit; Erröten 40
Pfirsich „An deinen Zauber reicht niemand heran"
Pfirsichblüte „Ich bin dir hörig"
Pflaumenbaum Treue; „Halte dein Versprechen!"
Phlox vollkommene Übereinstimmung; Unbeirrbarkeit 122
Pilz Verdacht
Porzellanblume *(Hoya)* Skulptur
Prachtwinde *(Ipomoea)* Gehabe; Kokette
Primel Zaghaftigkeit; frühe Jugend; erste Liebe; Bescheidenheit 44
Primel, Garten- Stolz auf Eigentum; Zuversicht

Ranunkel „Du bist faszinierend"; „Du hast Charme" 50
Resede „Deine guten Eigenschaften übersteigen noch deine Schönheit"
Rhabarber guter Rat 61

Rhododendron „Vorsicht!"; Gefahr 61
Ringelblume Trauer; Unbehagen
Rittersporn *(Delphinium)* Überheblichkeit
Rittersporn, violetter Wilder *(Consolida)* Überheblichkeit
Rittersporn, Wilder Frivolität, Leichtfertigkeit
Ritterstern *(Hippeastrum)* Stolz; herrliche Schönheit 133
Robinie Liebe bis über den Tod hinaus
Rose, Burgunder- ihrer Schönheit nicht bewusst
Rose, Centifolia- Unterhändlerin der Liebe 82
Rose, China- immer neue Schönheit
Rose, dunkelrote tiefe Scham
Rose, einfache oder Wild- Schlichtheit; „Ich liebe dich noch immer"
Rose, gelbe Untreue; Eifersucht; Nachlassen der Liebe
Rose, gestreifte Vielfalt 82
Rose, getrocknete weiße Tod vor dem Verlust der Unschuld
Rose, Hunds- Lust und Schmerz; „Ich verletze um zu trösten"
Rose, Kartoffel- „Schönheit ist dein einziger Vorzug" 98
Rose, Moos- sinnlich; höchste Tugenden!
Rose, Moschus- eigensinnige Schönheit 82
Rose, Multiflora- Anmut 82
Rose, offene blutrote „Ich liebe dich!" 82
Rose, offene weiße „Ich bin deiner würdig" 82
Rose, rosafarbene Glücklichsein 126
Rose, Tee- „Ich werde es nie vergessen"
Rose, verwelkte weiße flüchtige Eindrücke
Rose, voll erblühte „Du bist wunderschön" 82
Rose, voll erblühte, über zwei Knospen Heimlichkeit 82
Rose, Wein- Dichtung
Rosen Schönheit und Liebe; keusche himmlische Liebe 82
Rosenblatt „Du darfst hoffen"
Rosenknospe, geschlossene weiße kennt die Liebe noch nicht; Mädchenalter 37
Rosenknospe, Moos- eingestandene Liebe
Rosenknospe, rosa neue Liebe
Rosenknospe, rote jung, rein und reizend 33
Rosenkranz, voll erblühter Lohn der Tugend 146
Rosenstrauß, rot und weiß gemischter Einigkeit 82
Rosenstrauß, voll erblühter Dankbarkeit
Rosmarin Andenken 150
Rosskastanie Luxus
Ruhmeskrone *(Gloriosa superba)* Vereinigung zweier Liebender 88

Salbei Gesundheit; langes Leben 19
Salomonssiegel Beständigkeit; Heilung 121
Sauerklee *(Oxalis)* elterliche Liebe
Schachbrettblume *(Fritillaria meleagris)* Bedrängnis; Verdruss 102

Schafgarbe *(Achillea)* Heilung für gebrochene Herzen 130
Schilfrohr Musik
Schmucklilie *(Agapanthus)* Liebesbrief
Schneeball *(Viburnum opulus)* Gedanken ans Jenseits; Winter; Alter 138
Schneeball, Immergrüner *(Viburnum tinus)* „Ich sterbe, wenn du mich nicht beachtest!"
Schneeglöckchen Trost und Hoffnung
Seerose vollkommene, kalte Schönheit; Keuschheit 107
Seidelbast *(Daphne mezereum)* „Ich will gefallen!"
Seidelbast, Duftender „Bleib wie du bist!"
Silberblatt Ehrlichkeit und Aufrichtigkeit
Skabiose, Samt- Trauer
Sonnenblume, hohe Stolz; Überheblichkeit
Sonnenblume, Zwerg- „Dein ergebener Bewunderer"; Anbetung
Stachelbeeren Vorfreude 19
Stechapfel *(Datura)* trügerische Reize
Stechpalme *(Ilex)* häusliches Glück; Stärke; Schutz
Stechwinde *(Smilax)* Lieblichkeit
Stiefmütterchen „Denk an mich" 54
Stiefmütterchen, blaues „Ich werde dir immer treu ergeben sein" 54
Stiefmütterchen, gelbes ländliches Glück 54
Stiefmütterchen, violettes „Ich denke an dich" 54
Stiefmütterchen, weißes Bescheidenheit; Sittsamkeit und Reinheit 54
Stiefmütterchen, Wildes „Denk an mich!" 54
Stockrose Fruchtbarkeit; Vermehrungsfreudigkeit 23
Storchschnabel, Brauner Melancholie 150
Studentenblume *(Tagetes patula)* Eifersucht
Studentenblume, Hohe *(Tagetes erecta)* Geschmacklosigkeit
Sumpfdotterblume Streben nach Reichtum

Thymian Kraft und Mut 19
Tulpe, gelbe hoffnungslose Liebe 86
Tulpe, Papageien- „Deine Augen sind wunderschön" 86
Tulpe, rote Liebeserklärung 86
Tulpen Ruhm 86, 94

Ulme Würde und Anmut

Vanilleblume *(Heliotrop)* „Ich bete dich an"; Ergebenheit
Veilchen, Duft- *(Viola odorata)* Bescheidenheit; Anstand; Unschuld 43
Verbene siehe **Eisenkraut**
Vergissmeinnicht wahre Liebe; unvergessen; Sehnsucht nach ewiger Liebe 108
Veronika siehe **Ehrenpreis**
Vogelwicke „Ich hänge an dir"

Glossar

Wacholder Schutz; Beistand
Waldrebe *(Clematis)* geistlose Schönheit; Gerissenheit 102
Waldrebe, Immergrüne Armut
Waldrebe, Wilde Sicherheit; Schutz
Weide, Trauer- Melancholie
Weidenröschen *(Epilobium)* Anmaßung
Weihnachtsstern „Sei wohlgemut!"
Weinrebe Trunkenheit 65
Weißdorn Hoffnung
Weizen Reichtum und Wohlstand
Wicke Abschied; anhaltende Freuden; „Danke für eine wunderschöne Zeit" 150
Wiesenkerbel *(Anthriscus sylvestris)* Fantasie 70
Winde „Wir sollten uns zusammentun!" 74
Wolfsmilch *(Euphorbia)* Hoffnung in der Verzweiflung

Zaubernuss *(Hamamelis)* „Ich bin verzaubert!"
Zierapfelblüten Verstimmung
Zinnie, gelbe tägliches Gedenken
Zinnie, scharlachrote Beständigkeit
Zinnie, weiße guter Wille
Zinnien, bunte Gedanken an ferne Freunde; „Ich leide, weil du nicht da bist"; „Ich vermisse dich" 145
Zitrone Lebenslust
Zitronenblüte Diskretion; treue Liebe
Zwetschgenbaum Unabhängigkeit
Zypresse mit Ringelblume Verzweiflung
Zypresse Trauer; Tod

Die Bedeutungen der Blumen

Aberglaube Aloe; Johanniskraut *(Hypericum)*
Abschied Fichte; Herbstaster 142; Wicke 150
Abschiedsschmerz Kronen-Anemone *(Anemone coronaria)* 108
„Achtung Fallstrick!" Drachenwurz *(Dracunculus)*
Adel Magnolie
Albernheiten Hahnenkamm *(Celosia)*
„Alles ist gut" rosarbene Rose 126
Alter Schneeball *(Viburnum opulus)* 138
„An deinen Zauber reicht niemand heran" Pfirsich
Anbetung niedrige Sonnenblume
Andenken Rosmarin 150
Anerkennung Marien-Glockenblume *(C. medium)* 12
Angeberei Hortensie 96
anhaltende Freuden Wicke 150
Ankündigung einer Ekstase Gardenie 72
Anleitung Milchstern *(Ornithogalum)*
Anmaßung Löwenmäulchen; Weidenröschen *(Epilobium)*
Anmut Birke 133; Multiflora-Rose 82
Anmut und Eleganz gelber Jasmin

Anstand Duftveilchen *(Viola odorata)* 43
Ärger Petunie
Armut Immergrüne Waldrebe
Aufregung Zittergras
Ausdauer Kaktus

Bedauern violettes Eisenkraut 142
Bedrängnis Schachbrettblume *(Fritillaria meleagris)* 102
„Beeile dich!" Nelke
Beistand Wacholder
beruhigen Christrose *(Helleborus niger)*
bescheidene Schönheit Gewellte Dreizipfellilie *(Trillium undulatum)*
Bescheidenheit Duftveilchen *(Viola odorata)* 43; weißes Stiefmütterchen 54; Ginster; Glockenblume *(Campanula)* 12; Hasenglöckchen 34; Mimose; Primel 44
Beständigkeit Efeu; Glockenblume *(Campanula)* 12; Hasenglöckchen 34; Hyazinthe; blaue Hyazinthe; Salomonssiegel 121
„Bete für mich" weißes Eisenkraut
Betrug Eisenhut *(Aconitum)*; Insekten fressende Pflanzen 88
Bewunderung rosa Kamelie
„Bleib wie du bist!" Duftender Seidelbast
bleibende Freuden Mehrjährige Wicke
brüderliche Liebe Geißblatt
Buße Eibe

Chinesisches Symbol der erwachsenen Frau Azalee

Dankbarkeit Glockenblume; kleine weiße Glockenblume *(Campanula)* 12; Marien-Glockenblume *(C. medium)* 12; voll erblühter Rosenstrauß
„Danke für eine wunderschöne Zeit" Wicke 150
„Dein Anblick lässt mich erstarren" Eiskraut *(Mesembryanthemum)*
„Dein Bild ist in mein Herz gebrannt" Pfaffenhütchen
„Dein ergebener Bewunderer" niedrige Sonnenblume
„Dein Stirnrunzeln ist mein Tod" blühende Johannisbeere
„Dein Tod wird mein Tod sein" Schwarze Maulbeere
„Deine Augen sind wunderschön" Papageien-Tulpe 86
„Deine guten Eigenschaften übersteigen noch deine Schönheit" Resede
demütige Liebe Fuchsie
„Denk an mich!" weißer Klee; Wildes Stiefmütterchen 54; Stiefmütterchen 54
„Der nächste Tanz gehört mir!" Efeugeranie
Derbheit Kürbis
„Dich mag einfach jeder!" Johannisbeertraube

Dichtung Wein-Rose
Diskretion Frauenhaarfarn; Zitronenblüte
„Du bist anbetungswürdig" weiße Kamelie
„Du bist die Flamme meines Herzens" dunkelrote Kamelie 85
„Du bist ein guter Freund" Chrysantheme, Garten-
„Du bist faszinierend" Ranunkel 50
„Du bist mein Leben" Lungenkraut
„Du bist mir lieber!" rosa Geranie
„Du bist perfekt" Ananas
„Du bist schön" weiße Nelke
„Du bist wunderschön" voll erblühte Rose 82
„Du darfst hoffen" Rosenblatt
„Du hast Charme" Ranunkel 50
„Du hast keinerlei Anspruch" Küchenschelle *(Pulsatilla)*
„Du hast mich enttäuscht!" gelbe Nelke
„Du nimmst mir die Sorge" Christrose *(Helleborus niger)*
„Du verwirrst mich" Jungfer-im-Grünen *(Nigella)*
Dünkel Granatapfel
Durchhaltevermögen Gras 24

Eheglück Kranzschlinge *(Stephanotis)* 72; Lindenbaum oder -zweig; Myrte 122
Ehre Lorbeerkranz 142
Ehrlichkeit und Aufrichtigkeit Silberblatt
Eifer Holunder
Eifersucht Hyazinthe; gelbe Rose; Studentenblume *(Tagetes patula)*
Eigenliebe Narzisse 111
Eigennutz Fingerhut 98
Eigensinn Akelei *(Aquilegia)* 56
eigensinnig violette Nelke
eingestandene Liebe Moos-Rosenknospe
Einigkeit rot und weiß gemischter Rosenstrauß 82
Einsamkeit Flechte 118
Eitelkeit Hortensie 96; Narzisse 111
Eleganz Dahlie 62
elterliche Liebe Sauerklee *(Oxalis)*
Empfindsamkeit Eisenkraut *(Verbena)*
Entbindung Oregano 19
Entfremdung Lotosblume
Enthusiasmus Große Dreizipfellilie *(Trillium grandiflorum)*
Erfolg Gras 24
Ergebenheit Pfingstrose 40; Vanilleblume *(Heliotrop)*
Erhabenheit Esche; Kaiserkrone *(Fritillaria imperialis)* 133
Erinnerung an Jugendfreunde blaues Immergrün 65
Erinnerungen an Jugend und kindliche Unschuld weißer Flieder 141
Ermunterung Goldrute
Ernsthaftigkeit Kerbel

Glossar

Erröten Majoran 65; Pfingstrose 40
erste Liebe Primel; violetter Flieder 44
erste Liebesregungen violetter Flieder 44
Erwartung Anemone (A. blanda, A. nemorosa); Forsythie 20
„Erwidere bitte meine Zuneigung!" Jonquille
„Erwischt!" Insekten fressende Pflanzen 88

Falschheit gelbe Lilie
Familienzusammenhalt rosa Eisenkraut
Fantasie Lupine; Wiesenkerbel (Anthriscus sylvestris) 70
Faszination Farn 78
Feier Petersilie 138
Feindseligkeit Johanniskraut (Hypericum); Lobelie
Feingefühl Eisenkraut (Verbena); Mimose
Festigkeit Kresse
Fleiß Gras 24
flüchtige Eindrücke verwelkte weiße Rose
Freundlichkeit weißer Jasmin 58
Freundschaft Akazie; Efeublatt
Frieden Olive
Frigidität Hortensie 96
Frivolität Wilder Rittersporn
Fröhlichkeit gelbe Lilie; Kleeblatt 16; Krokus; Schmetterlingsorchidee (Phalaenopsis)
Fruchtbarkeit Feigenbaum; Stockrose 23
frühe Jugend Primel 44

Gastfreundschaft Eichenzweig 62
gastliche Wärme Grüne Minze
Geborgenheit rote Geranie 20
Gedanken an ferne Freunde bunte Zinnien 145
Gedanken ans Jenseits Schneeball (Viburnum opulus) 138
Gedenken roter Mohn
Gefahr Rhododendron 61
„Geh nicht!" Wicke
Gehabe Hahnenkamm (Celosia); Prachtwinde (Ipomoea)
geistlose Schönheit Waldrebe (Clematis) 102
Gelassenheit Buchs 53; Mauerpfeffer (Sedum)
geliebtes Kind Fingerkraut (Potentilla)
Gerissenheit Waldrebe (Clematis) 102
Geschmack scharlachrote Fuchsie
Geschmacklosigkeit Hohe Studentenblume (Tagetes erecta)
Gesundheit Salbei 19
Gesundheit und Energie bunt gemischte Nelken
Gewalt Fenchel
Gewinn Kohl
Glaube Passionsblume 138
Glück Basilikum 20; Heide; Kleeblatt 16; Muschelblume (Moluccella laevis) 19

glückliches Leben Levkoje 129
Glücklichsein rosafarbene Rose 126
Grausamkeit Brennnessel 112
Grobheit Borretsch
Groll Petunie
Großzügigkeit Orangen(baum)
gut gewappnet Gladiole
gut, lieb und freundlich Moschus-Malve
gute Nachricht Iris 14
gute Wünsche Basilikum 20
guter Geschmack Dahlie 62; Fuchsie
guter Rat Rhabarber 61
guter Wille Walderdbeere 33; weiße Zinnie
gutmütig Königskerze (Verbascum)

Habgier Kürbis
Habsucht Aurikel, scharlachrote
„Halte dein Versprechen!" Pflaumenbaum
Hass orange Lilie
häusliches Glück Stechpalme (Ilex)
Heilung für gebrochene Herzen Schafgarbe (Achillea) 130
Heilung Salomonssiegel 121
heimliche Liebe Akazie; Frauenhaarfarn
Heimlichkeit voll erblühte Rose über zwei Knospen 82
Heirat Efeu; Efeuranke; Linde; Lindenblatt (Tilia)
Heiterkeit Hahnenfuß 16
herrliche Schönheit Ritterstern (Hippeastrum) 133
Herrlichkeit Paradiesvogelblume (Strelitzia)
Herzeleid dunkelrote Nelke
Herzlichkeit Pfefferminze 62
Herzlosigkeit Hortensie 96
hingebungsvolle Liebe Geißblatt
höchste Tugenden! Moos-Rose
Hoffnung Fichte; Mandelblüte; Weißdorn
Hoffnung in der Verzweiflung Wolfsmilch (Euphorbia)
hoffnungslose Liebe gelbe Tulpe 86

„Ich ändere mich erst im Tod" Lorbeerblatt
„Ich bete dich an" Vanilleblume (Heliotrop)
„Ich bin deiner würdig" offene weiße Rose 82
„Ich bin dir gleichgültig" blühender Hartriegel (Cornus)
„Ich bin dir hörig" Pfirsichblüte
„Ich bin überglücklich!" Gardenie 72
„Ich bin verzaubert!" Zaubernuss (Hamamelis)
„Ich denke an dich" violettes Stiefmütterchen 54
„Ich hänge an dir" Vogelwicke
„Ich leide, weil du nicht da bist" bunte Zinnien 145
„Ich liebe dich noch immer" einfache oder Wildrose
„Ich liebe dich!" offene blutrote Rose 82
„Ich sehne mich nach dir" rosa Kamelie

„Ich sterbe, wenn du mich nicht beachtest!" Immergrüner Schneeball (Viburnum tinus)
„Ich verletze um zu trösten" Hunds-Rose
„Ich vermisse dich" bunte Zinnien 145
„Ich weine mit dir" violettes Eisenkraut 142
„Ich werde dich nie vergessen!" rosa Nelke
„Ich werde dir immer treu ergeben sein" blaues Stiefmütterchen 54
„Ich werde es nie vergessen" Tee-Rose
„Ich will gefallen!" Seidelbast (Daphne mezereum)
ihrer Schönheit nicht bewusst Burgunderrose
immer neue Schönheit China-Rose
immer währende Schönheit Levkoje 129
„In meinen Augen wirst du immer schön sein" Levkoje 129
Inspiration Engelwurz (Angelica) 24
Integrität Enzian

„Ja!" rote Gartennelke
jung, rein und reizend rote Rosenknospe 33
junge Liebe Primel 44
Jungfräulichkeit Orangen(baum)

Kaltherzigkeit Kopfsalat
kapriziöse Schönheit Moschus-Rose 82; Orchidee (Paphiopedilum) 101
kennt die Liebe noch nicht geschlossene weiße Rosenknospe 37
keusche himmlische Liebe Rosen 82
Keuschheit Seerose 107
kindliche Freude Krokus
Klatsch Glockenrebe (Cobaea scandens)
Koketterie Löwenzahn
Koketterie Prachtwinde (Ipomoea)
„Komm zu mir!" Kranzschlinge (Stephanotis) 72
Kraft Fenchel
Kraft und Mut Thymian 19
Kühnheit Edelweiß
Kühnheit Lärche 65
Kultiviertheit Kornblume
Kurzweil Hyazinthe

Ländliches Glück gelbes Stiefmütterchen 54
langes Leben Salbei 19
Langlebigkeit Feige
„Lass mir Gerechtigkeit widerfahren!" Kastanie
Lebenslust Zitrone
Leichtfertigkeit Wilder Rittersporn
Leiden Brombeere 112
Leidenschaft dunkelrote Nelke
Liebe auf den ersten Blick Gloxinie
Liebe bis über den Tod hinaus Robinie
Liebe Myrte 122

Glossar

Liebe zur Natur Magnolie
Liebenswürdigkeit weißer Jasmin 58
Liebesbrief Schmucklilie (Agapanthus)
Liebeserklärung rote Tulpe 86
Lieblichkeit Stechwinde (Smilax)
List Bärenklau (Acanthus)
lobenswert Fenchel
Lohn der Tugend voll erblühter Rosenkranz 146
Lust und Schmerz Hunds-Rose
Luxus Rosskastanie

Macht Kaiserkrone (Fritillaria imperialis) 133
Mädchenalter geschlossene weiße Rosenknospe 37
mädchenhafter Charme Herzkelch (Eucharis) 70
Malerei Aurikel 53
Melancholie Brauner Storchschnabel 150;
   Herbstlaub; Trauerweide
Menschenhass Eisenhut (Aconitum)
„Mir ist kein Hindernis zu groß" Mistel
Misstrauen Lavendel
Mitleid Holunder
Musik Schilfrohr; Hafer 130
Mut Eiche 62; Knoblauch; Schwarzpappel
Mutterliebe Moos 12
Nachlassen der Liebe gelbe Rose

Naivität Gänsefingerkraut (Potentilla anserina) 34
Narretei Akelei (Aquilegia) 56
neckisch violette Nelke
„Nein, niemals!" Löwenmäulchen
neue Liebe rosa Rosenknospe
Niedergeschlagenheit Flechte 118; Lupine
Nützlichkeit Mädesüß

Ordentlichkeit Ginster

Ratlosigkeit Jungfer-im-Grünen (Nigella)
Redegewandtheit Lotospflanze
Reichtum Getreide; Hahnenfuß 16
Reichtum und Wohlstand Weizen
reife Schönheit Orchidee (Cattleya) 125
reine, feurige Liebe rote Gartennelke
Reinheit Milchstern (Ornithogalum); weiße Lilie 30
Reinheit, die der Schönheit gleicht Orangenblüten
Reisen Kranzschlinge (Stephanotis) 72
religiöser Eifer Lichtnelke (Lychnis)
Reserviertheit Ahorn
Resignation Alpenveilchen
Reue Apfelblüten 118
riskante Vergnügungen Nachthyazinthe (Polianthes
   tuberosa) 112
Ritterlichkeit Osterglocke
Rivalität Nachtviole

Romanze Azalee
Ruhe und Fügsamkeit Binse, Flatter- (Juncus effusus) 130
Ruhestand rundblättrige Glockenblume
Ruhm Tulpen 86, 94

Sanftmut Birke 133; Buschmalve (Lavatera)
Schicksal Hanf
Schlaf weißer Mohn
Schlichtheit einfache oder Wildrose; Gänseblümchen,
   Margerite 37; weiße Lilie 30
schön, doch scheu oder still Amaryllis (Amaryllis
   belladonna)
schöne Frau Orchidee
Schöne Künste Bärenklau (Acanthus)
schöner Geist Kirschblüten
„Schönheit ist dein einziger Vorzug" Kartoffel-Rose 98
Schönheit Orchidee; Kalla (Zantedeschia) 78
Schönheit und Beständigkeit weiße Hyazinthe 121
Schönheit und Liebe Rosen 82
Schüchternheit Pfingstrose 40
Schutz Eukalyptus; Heide; Mutterkraut; Stechpalme
   (Ilex); Wacholder; Wilde Waldrebe
Schwierigkeiten Brombeere 112
Sehnsucht nach ewiger Liebe Vergissmeinnicht 108
„Sei mein!" vierblättriger Klee
„Sei wohlgemut!" Weihnachtsstern
Selbstbezogenheit Narzisse 111
Sicherheit Wilde Waldrebe
Sieg und Erfolg Palme
„Sieh dich vor!" Begonie
sinnlich Moos-Rose
Sittsamkeit und Reinheit weißes Stiefmütterchen 54
Skandal Lenzrose 94
Skulptur Porzellanblume (Hoya)
sparsames Wirtschaften Dachwurz (Sempervivum)
Spaß Hahnenfuß 16
Spiritualität Passionsblume 138
Stärke Eiche 62; Knoblauch; Kresse; Stechpalme (Ilex)
„Steig zu mir herab!" Jakobsleiter
Stelldichein Buche 94
Stolz auf Eigentum Gartenprimel
Stolz Granatapfel; hohe Sonnenblume; Kaiserkrone (Fri-
   tillaria imperialis) 133; Ritterstern (Hippeastrum) 133
Stolz und einzigartig Immergrüne Magnolie 133
Stolz und Schönheit bunt gemischte Nelken
Streben nach Reichtum Sumpfdotterblume
Streit Feige
Strenge Distel

Tägliches Gedenken gelbe Zinnie
talentiert weiße Nelke
Tapferkeit und Menschlichkeit Eichenlaub 62
Täuschung Winterkirsche

Teilnahme gefüllte Margerite
tiefe Scham dunkelrote Rose
tiefes Bedauern Himbeere 142
tiefsinnige Schönheit Goldregen
Tod vor dem Verlust der Unschuld getrocknete
   weiße Rose
Tod Zypresse
Torheit Granatapfel
Trauer Aloe; Eibe; Ringelblume; rundblättrige Glocken-
   blume; Samtskabiose; violette Hyazinthe; Zypresse
Treue Geißblatt; Pflaumenbaum
Treue der Frau Ehrenpreis (Veronica)
Treue, die allen Widrigkeiten trotzt Goldlack 101
treue Freundschaft Buchs 53
treue Liebe Zitronenblüte
Trost Mohn 153
Trost und Hoffnung Schneeglöckchen
Trotz Lavendel
trügerische Reize Stechapfel (Datura)
Trunkenheit Weinrebe 65
Tugend Minze

Überheblichkeit hohe Sonnenblume; Rittersporn
   (Delphinium); violetter Wilder Rittersporn
   (Consolida)
Übermut Lärche 65
Unabhängigkeit Zwetschgenbaum
Unaufrichtigkeit Fingerhut 98
Unbehagen Ringelblume
Unbeirrbarkeit Phlox 122
Unberührtheit Knospe
unerwartetes Zusammentreffen Zitronengeranie
unerwiderte Liebe Osterglocke
Ungerechtigkeit Hopfen
unprätentiöse Vortrefflichkeit dunkelrote Kamelie 85
Unruhe Zittergras
Unschuld Duftveilchen (Viola odorata) 43;
   Gänseblümchen 36; weiße Lilie 30
Unschuld und Schönheit Margerite 37
Unterhändlerin der Liebe Centifolia-Rose 82
Untreue gelbe Rose
Unverblümtheit Borretsch
unvergessen Vergissmeinnicht 108

Verbot Liguster
Verdacht Pilz
Verdruss Schachbrettblume (Fritillaria meleagris) 102
Vereinigung zweier Liebender Ruhmeskrone
   (Gloriosa superba) 88
Vergänglichkeit der Liebe Anemone, Kronen-
   (Anemone coronaria) 108
Vergeltung Eselsdistel
Vergessen der Trauer Mohn 153

Glossar

„Vergib mir bitte!" violette Hyazinthe
Verlassen Anemone, Herbst- (A. x hybrida)
Verlassenwerden Anemone, Kronen- (Anemone coronaria) 108
Verleumdung Lenzrose 94
verliebt rosarote Chrysantheme
Vermehrungsfreudigkeit Stockrose 23
Verrat Judasbaum (Cercis)
verschmähte Liebe gelbe Chrysantheme
Versöhnung Hasel; Milchstern (Ornithogalum)
Verstimmung Zierapfelblüten
Versuchung Apfel
Verzweiflung Zypresse mit Ringelblume
Vielfalt gestreifte Rose 82
vollendete Lieblichkeit weiße Kamelie 85
vollkommene Übereinstimmung Phlox 122
vollkommene, kalte Schönheit Seerose 107
Vorfreude Anemone (A. blanda, A. nemorosa); Forsythie 20; Stachelbeeren 19
vornehmer Mut Edelweiß
„Vorsicht Feind!" Eisenhut (Aconitum)
„Vorsicht!" Oleander; Rhododendron 61

Wahre Freundschaft Eichblattgeranie
wahre Liebe Vergissmeinnicht 108
Wahrheit weiße Chrysantheme
Wankelmut Nachtkerze (Oenothera)
Wärme Kaktus; Pfefferminze 62
Wehklage Espe
Wehmut Herbstaster 142
weibliche Reize Kalla (Zantedeschia) 78
Weisheit Olive; Weiße Maulbeere
Wiederkehr des Glücks Maiglöckchen 121
Winter Schneeball (Viburnum opulus) 138
„Wir sollten uns zusammentun!" Winde 74
Wirkung der Musik Hafer 130
Witwenstand Skabiose
Wohlbehagen Birnbaum
Wohlstand Buche 94
Wunsch zu gefallen Bartnelke 33
Wünsche werden wahr Löwenzahn
Würde und Anmut Ulme

Zaghaftigkeit Alpenveilchen; Primel
zarte Schönheit Hibiskus
Zartheit Kornblume
Zeit Föhre
zerbrechliche Schönheit Kalla (Zantedeschia) 78
Zuneigung Birne 58
Zurückweisung mehrfarbige Nelke
Zuversicht Gartenprimel

Bibliografie

David Austin, *Alte Rosen und Englische Rosen*, DuMont/monte, 2000.
David Austin, *Vom Zauber Englischer Rosen*, BLV, 1999.
David Austin, *Strauchrosen und Kletterrosen: Mit Teehybriden und Floribunda-Rosen*, DuMont Reise Verlag, 1995.
Udo Becker, *Lexikon der Symbole*, Komet, 2003.
Marianne Beuchert, *Symbolik der Pflanzen*, Insel Verlag, 2004.
Christopher Brickell (Hg.), *The American Horticultural Society Encyclopedia of Garden Plants*, Dorling Kindersley, 1989.
Pierre Delaveau et al. (Hg.), *Geheimnisse und Heilkräfte der Pflanzen*, Reader's Digest Verlag, 1978.
Walter Erhardt, Erich Götz, Nils Bödeker, Siegmund Seybold, *Zander. Handwörterbuch der Pflanzennamen*, Verlag Eugen Ulmer, 2002.
Helga und Ulrich Hausmann, *Griechische Blumen. Natur, Brauchtum, Dichtung*, Ernst Wasmuth Verlag, 1984.
Jonathan G. Frazer, *Der goldene Zweig: Eine Studie über Magie und Religion*, Ullstein Verlag, 1977.
John Gerard, *Gerards Herbal*, Senate, 1998.
Robert Graves, *Griechische Mythologie*, Rowohlt TB, 2001.
Kate Greenaway, *Sag es mit Blumen*, ars edition, 1986.
Marina Heilmeyer, *Die Sprache der Blumen*, Prestel, 2000, 2002.
Manfred Lurkner, *Die Botschaft der Symbole. In Mythen, Kulturen und Religionen*, Kösel, 1990.
Manfred Lurkner, *Lexikon der Götter und Dämonen*, Kröner, 1989.
Manfred Lurkner, *Wörterbuch der Symbolik*, Kröner, 1991.
Laura Peroni, *Blumen und ihre Sprache*, Kl. Bachmann Verlag, 1985.
Frances Perry, *Ein Garten voller Düfte*, BLV, 1992.
Robert von Ranke-Graves, *Die Götter Griechenlands. Die klassischen Mythen und Sagen*, Rowohlt, 1983.
Sharman Apt Russell, *Das geheime Leben der Blumen*, dtv, 2003.
Melanie Scholz-Schalch (Hg.), *Romantischer Almanach der zärtlichen Blumensprache*, Schweizer Verlagshaus, 1980.
Robert Upstone, *Der Symbolismus in England 1860 – 1910*, Hatje Cantz, 1998.
Bettina Zenker, *Das Bach-Blüten-Behandlungsbuch*, Droemer Knaur, 2001.

Danksagung

In diesem Buch steckt die Anstrengung vieler Menschen, und ich schulde ihnen große Sträuße aus Glockenblumen und Marienglockenblumen. Zuallererst meiner Freundin Jan Baldwin, die Blumen mit den Augen eines mittelalterlichen Visionärs betrachtet und sie in ihrer ganzen exquisiten Individualität auf den Film bannt – dieses Buch ist ebenso sehr ihres wie das meine; Dank der hervorragenden gestalterischen Leistung von Megan Smith, deren einfühlsames Layout das Buch zu einer reinen Freude macht; ebenso der wunderbaren Leslie Dilcock, die jedem Foto ihre besondere, raffinierte Prägung gab. Sträuße voll erblühter Rosen gebühren meiner Lektorin Katey Day bei Conran Octopus, die die ganze Zeit und vor allem in der Endphase des Schreibens mit Enthusiasmus und Geduld dabei war; an Chi Lam, die meine liebe Freundin Leslie Harrington ablöste und uns alle inspirierte; an Lorraine Dickey, die als Erste an das Projekt glaubte; und an Belinda Hartley, die uns ermutigte, beriet und koordinierte. Mehrere große Ananasfrüchte gehen an den Covent-Garden-Blumenmarkt, und zwar an Dennis Edwards von Austins, der besonders beim Benennen der Blumen half; an Allan und Stella von Alagar; an Charlie Gardiner von Rimark; David Gorton von Bacons; Grant Nr. 1 und 2 von C. Best; und an die Jungs von Donovan Brothers, E.E.S., Quality Plants, L. Mills, Arnott and Mason und Norman Cole. All dies hätte ich nicht ohne die Hilfe meines wunderbaren Teams geschafft, das mich die ganze Zeit unterstützte. Buchs, Jasmin und zahllose Birnen gebühren Louise Avery, Mark Lovegrove, Sam Robb, Isabelle van Lennep, Miharu Davis, Steven Riley, John Cowan, Kurt Collet und den Ehrenmitgliedern Tracey Elson und Sharon Melehi. Weitere voll erblühte Rosen überreiche ich meiner Mutter, die meine Begeisterung für Blumen weckte, und an Michael Goulding (OBE), Elizabeth Baker (MBE) und Caroline Evans-Feinnes, die diese Begeisterung weiter förderten; weiterhin an meinen Schwiegervater, Robin Denniston, für seinen guten Rat und an meine Schwägerin Dr. Sue Everitt für ihre Tipps zur Homöopathie. Und schließlich eine einzelne rosafarbene Rose an meine liebe, geduldige Frau.

Der Verlag dankt Barbara Stewart bei Surfaces, Unit 1, 51 Calthrop Street, London, WC1X 0HH; außerdem The General Trading Company, 2 Symons Street, Sloane Square, London, SW3 2TJ, die die Jonathon-Adler-Vasen auf den Seiten 1 und 80–81 zur Verfügung stellten. Der Stoffhintergrund des Schutzumschlags ist von Lee Jofa, der Stoff auf Seite 26–28 von Marimekko.